管子權

［明］朱長春 著

［明］萬曆四十年刊

江蘇大學出版社
JIANGSU UNIVERSITY PRESS
鎮江

1

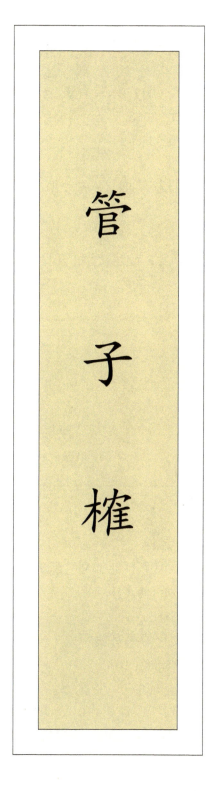

圖書在版編目（CIP）數據

管子榷：全三册 / （明）朱長春著．— 影印本．—
鎮江：江蘇大學出版社，2018.5
ISBN 978-7-5684-0830-1

Ⅰ．①管… Ⅱ．①朱… Ⅲ．①法家②《管子》—注釋
Ⅳ．①B226.12

中國版本圖書館CIP數據核字(2018)第092564號

管子榷（全三册）

著　　者/［明］朱長春
責任編輯/張　平
出版發行/江蘇大學出版社
地　　址/江蘇省鎮江市夢溪園巷30號（郵編：212003）
電　　話/0511-84446464（傳真）
網　　址/http://press.ujs.edu.cn
印　　刷/北京虎彩文化傳播有限公司
開　　本/850mm×1168mm　1/16
總 印 張/87.75
總 字 數/418千字
版　　次/2018年5月第1版　2018年5月第1次印刷
書　　號/ISBN 978-7-5684-0830-1
定　　價/2700.00元（全三册）

如有印裝質量問題請與本社營銷部聯繫（電話：0511-84440882）

出版説明

人是一種會思想的動物，無論是爲了適應環境，克服生存的困難，抑或爲了生活得更有意義，思想皆不可或缺。在一般的中文習慣中，思想的涵義比『哲學』更寬泛，這種語用習慣的差异，也影響到學者對學術視野的選擇。一般而論，思想史的範圍也較哲學史爲廣闊，雖然很少得到清晰地界定，但它不失爲一種有效的學術視野。

在近代中國學術史上，思想史研究的興起與哲學史大約同時。一九〇二年三月，梁任公在其創辦的《新民叢報》上連續發表了《論中國學術思想變遷之大勢》系列論文，這可能是最早由國人撰著發表的思想史論文。而第一本由國人撰寫的中国古代哲學通史，則爲一九一六年謝無量的《中國哲學史》。這兩本早期著述有其學術史的意義，但其中對學科的性質與研究方法等多無明確的説明。事實上，無論是學者的闡述，還是其實際的操作，在思想史與哲學史之間都不易劃出清晰的界限，直到當代也仍然如此。拋開細節不論，就語用習慣及有關實踐而言，思想史表徵一種對歷史文化廣闊而深入的關照，其研究方法，關注的問題，都較哲學史爲多元，史料基礎也不可同日而語。尤其是在郭沫若、侯外盧等人建立起來的研究傳統中，思想史有明确的社會史取向，或因其與傳統的文史之學有親和性，以至在今天，這種思路仍然很有生命力。

文獻發掘向來是思想史研究的基本環節。爲了促進有關研究，我們選輯多種文本編爲『中國古代思想史珍本文獻叢刊』。全编選目包括經典文本，如儒、道二家的經解，重要思想家作品的早期刻本，和某些并不廣泛受到關注的作家文集的舊刻本。本編中也選録了數種反映古代民俗信仰的文獻，如《關聖帝君聖跡圖志》等。這些文本在傳統的學術視野中，多以爲不登大雅之堂，在今日視之，或者正因其反映了古代社會一般的信仰氛圍，而有重要的文本價值。此外，本編也著意收録了數種通常被視爲藝術史史料的文本，如《寶綸堂集》、《徐文長文集》等，我們認爲對思想史關注而言，範圍與深度同樣重要。

選輯本編，也有文獻學上的意圖。中國古代有悠久的文獻學傳統，大量古籍文本的傳刻與整理造就了古代中國輝煌的古籍文化。本編收録的這些刻本不僅是古代學術發生、衍變的物質證據，也是古代古籍文化的重要部分。本編所收録的全部作品皆爲彩版影印，最大限度地保存了文獻的細節。其中有部分殘卷，視具體情況，或者補配，或者一仍其舊。本編的選目受制於編者的認識與底本資源，或者有不妥、不備之處，希望讀者不吝指正。

目録（二十四卷）

第一册

管子榷　自序……一
管子榷　序……一三
校管子　舊序……二七
管子　書序……四一
管子　序……五九
管子　凡例……六三
管子　文評……六七
管子榷　凡例……七九
管子榷　目錄……八九

管子榷
卷第一……九九
卷第二……一七九
卷第三……二〇五
卷第四……二六五
卷第五……三〇九
卷第六……三四九
卷第七……三九五
第二册
卷第八……一
卷第九……五五
卷第十……一〇七
卷第十一……一六三
卷第十二……二〇七
卷第十三……三二五

卷第十四……三八一
卷第十五……四二九

第三册

卷第十六……一
卷第十七……四七
卷第十八……八三
卷第十九……一一七
卷第二十……一四七
卷第二十一……一九一
卷第二十二……二五一
卷第二十三……三三五
卷第二十四……三九五

管子權自序

九洞天苻道人朱長春

帝之世無法神道成務王之世有法緣道陳常伯之世法始岐道而出及伯之衰而法遂與道為寇刻核至甚才必反其始定以不離道冣近夫道自羲皇先

天圖易以來爻畫法象造化儀神理存
人事浹夫子推要於心藏之密用以歸
聰明神武不殺不殺元之大仁生生之
易也道固以自生而生萬物者予幼志
讀奇書聞嘗校序管子賞其文中多不
解壹求之法頗不合本註時謭淺牴迕

遇深文都無無下意自来名賢亦實疑關
無所按訨以為道山中理舊本授兒呫
嗶間始知中多秘典内言稽以道符寘
諦印大全豁如也居嘗讀内外傳㱁管
氏行事略所具經國寄軍于先王井伍
兵農師意不太遠乃其轉移因用内匡

多慾之君惕大慮以外匡孱王庶侯而四伐九會帖然大恬有神用焉區區富强名法數術效不至是意其别有本業如留侯之異授耶今攬詳幼官五行白心内業等諸篇而後知管子原于道不與申韓同科雖未必得亦不必行盡合

要于其符天育神運變耳目形物之表
可謂虚宗深本有所善生未極大生之
元爾夫子不予之曰人也如仁乎人具
天地之生仁為所以生夫子蓋難言當
時宫墻高峯列國名卿以問騶曰未知
其非功能猶理之顯可知而聖門點伯

乃以輕屬管仲乎哉固嘗曰正而不譎正道也仁道之大易之元也元運密移之謂仁正衡匡邪之謂仁存亡生滅之謂仁奉天不違之謂仁故曰大者宜居下善救無棄巽以行權仲之伯桓行實具有焉計其所冥于道而用知生以易

世甚多甚微特寄法以行者蓋仲在老
氏之前生太公之國太公道隱壽者于
金櫃陰符密藏之玄書意自羲黃以傳
有獨得真宗秘在府册尚父大用之以
啓會朝仲父小用之以定匡伯按其載
道論清虛要密微而不幻循天時定人

化函純白于心元應轉易于事用蓀之道合廓之政合足演河洛之宗為道德之祖吾定其非盡管氏之書必有淵源出道典采本其為性命養生家大導寶苻甚具足奉持也夫道至一至廣宇宙群品庶生九流百氏無不此出道世之

輿也唯駕為用東則東西則西用之尊
法駕大路九逵四巡用之翠巾紫芴輗
之險詭坂塹輹折而速敗管子乘道用
而不詭不敗乃取途小耳聖人所以病
其罷病其任道之用者也故桓公王伯
之交管子道法之交其書則道法之雜

也卑偽雄國法家榮士競利峻刑強戰
之逸傳大易辯其文亦古近大懸初予
稍〻訂釋脫數篇為習道之故已因兒
執問遂并卒其業凡三權會故文義緐
幽晦詭舛錯曰通論文論世略表合累
褒抑品目曰評以所證繆獨契抉玄顯

用揭宗鏡來通及政事之大略附以揚
搉曰演儒也業於道無事法山中偷生
無用於世倘以道精治緒治合統宗師
帝王之應符或亦在是乎雖非正經可
鄭取翼焉徃太守梁溪陳志行公過玄
栖見之請刻未竟今太守清源張子環

公成其事二太守皆好道善治行相濟
有冥合且曰于决性藹目者餐自救救
時本術一大藥亦小補云
門人方大成書

管子榷序

今天下盛行管子大要取其詞以供纂組云爾而至於篇多舛訛字多魚豕義多晦奧則姑乙之西吴朱太復先生以文章主盟海内中歲好道五

車二酉悉已度屏而獨成管子權其
凡例有三曰通曰評曰演抉玄刊誤
會故標新於是管子遂為全書余過
山中問奇得是篇而憙之亟請以公
諸錄既成先生屬余序余惟文盛於

周周召尚矣嗣是以降其著書而為
一家言者寔自仲始仲相桓定伯書
所論著皆鑿鑿見諸行事由今觀之
其所行者猶未必能盡是書也且是
書亦未必是以盡仲仲之後諸言兵

言富强言名法者不可勝數然揔之原本於仲綜其功實胥不及仲遠甚何者彼皆得其粗而遺其精沿其支流而非滙其全體也柳微獨此也五伯桓文為盛按桓之始末遠出文下

而霸業頋反軼其上者則非六之不
能敵桓而狐趙諸賢之不能敵仲也
夫以狐趙諸賢拮据數十年而不足
而仲以一身運之數年而有餘嗟夫
仲豈易言哉自微管之歎見推於夫

子而世之言仲者率以其功朱先生乃獨推其功而繇之道原其道而本之易世儒高談王略將無河漢斯言噫是皆未深讀仲書者耳毋論張四維陳五法明時脩政因天用地規謀

宏遠不詭正經卽如白心內業諸篇所謂虛其欲神將入舍掃除不潔神乃留處思之不得鬼神教之不庶幾與大易洗心研幾之旨相冥合乎夫聖人所以通志成務莫大乎易而莫

雄豪傑之士稍能窺見其微亦往往
神謀鬼謀與時消息經世出世往来
不窮大約劉桑詘伸之際變而通之
其道利用晦推行鼓舞之妙化而裁
之其道利用因仲之三北而不挫幽

凶而不辭也善晦也而其轉禍以爲福轉敗以爲功也善因也伸蓋深於易者也故能輔多慾之辟成一匡之勛臣主俱榮身名益泰概諸龍德固非正中要其伸縮自如旋轉莫測抑

所謂猶龍者耶上下千古唯范少伯張子房李長源差可與仲相彷彿耳嗟夫仲豈易言哉晉人恒以老與易並稱得易之精者宜莫如老氏五千言其中竅妙無若致虛極守靜篤而仲

之復所於虛及中不靜心不治等語
已先得之故治世與養生之道一也
仲要不可謂無所關見者自朱先生
始發其微而後人乃益知道之無津
涯易之不可爲典要王不得則不王

霸不淂則亦不霸者也先生樓巖磏
穀人望以為世外人而不知其惓惓
然欲以道善世者如此其切彼其權
管子也非權管子也蓋直藉以明道
法之合持王霸之衡俾論治者有所

折衷云爾夫論至於道則豈惟言為糟粕即治功且為緒餘而管子胡以言之先生又胡以權之先生曰嘻公毋溪談吾亦取其詞以供兒輩之纂組而已

萬曆壬子上冬吳興太守閩張維樞

子環甫頓首具

部民方大成書

校管子舊序

五湖太湏朱長春

嘗觀太史公曰余讀管氏牧民山高乘馬輕重九府等篇詳哉其言之也已而觀諸輕重所條米鹽偎

屑可醜如大駔良賈素封文守之
家將唾不用奈何管氏以傳與名
乃知全書多雜大都類是夫管子
伯圖大要三事一曰法二曰財三曰
兵法如四維四順襍則為急礮必

誅財如倉廩衣食乘馬雜則為朘

削戡斷兵如七法幼官雜則為誤

詐權以奇夫使管子蒙詬萬世

淂罪儒家而曲臣詭士資口為邪

則雜者過也棲管氏於春秋為

齊良五伯十二侯賢大夫之首維
以區〻海東抗獘之齊起中衰大
昏礼亂之末佐外亡新定之公用
其臣民三歲治定四歲教成五歲
兵出以三萬教士方行東西南北

無抗三存亡國九合冢君以衛周
天子此非戔戔之褊心之夫刻急小察
足用籠罩天下篤使羣后而莫誠
議者謂其內以轉移陰中陽外欺
諸侯如柔脃兒又以挾兵脅四國

以必從而安戎師尚父古法畢其
國人盱衡奮臂衆走於功名則
大壞三代世風乃法家開焉故曰
管仲之器小不繼至王乃稱伯哉
要以引經扶義束情從道蓋過

揚善終信於同盟其氣象雍容
猶王者之遺焉為相三十餘年外
無欺鄰詐敵內不施錢大臣公姑
下不草艾箕斂編民而修然偵如
齊語所志兩段軍令具在即局隘

不可以王亡豈如書所談三事乃
至急劇以詐乎哉春秋凡變必書
晉蒐書鄭竹刑書魯丘甲書畝稅
書向使管氏用此書以相變乃居
三國之首術乃商鞅吳白棄孔之

爲長孺子何用頌以知仁〻津〻揚
之也大氏周襄道詘至于雍國而
祖伯賤王大甚天下有口游談長短
之士都用祛纓管氏爲大宗周自
以其說系而袝之以干時王獵世資

田齊之君又自以席桓公敬仲祖烈爲氣脉誇一世而存雜故其書襍者半爲繆下大夫坐議浮談而半乃韓非李斯法家掌襲商君以黨管氏遂以借名行者也故其

書有春秋後之文有戰國之文
有秦先周末之文其體立辨夫
稽古者如市寶罷于滇之玉瀆
山之珠按名而索之少焉雜以燕
石越磯而市者不識也則監正傍

視而笑矣且其實者未必非所賣安
名善賈哉孟子曰尚論古之人盡
信書不如無書以周孝世且不敢
信其國志乃當秦矣撒出所得秦
何呫呫章句弗論乎故愚以列子

晚出與莊子雜篇與管子皆多偽
不可信自經言外內言十二外言十
半短言區言十七雜篇十九輕重
全於偽矣又其解自尹知章初注
莫陋劉績所定復略往往多舛礙

讀閒校而標之約十得五實其
輕重藹弗論廉其患於管氏

管子書序

管子舊書凡三百八十九篇漢劉向校除其重複定著為八十六篇今亡十篇近世所傳往往淆亂至不可讀余行求古善本庶幾遇之者幾二十年始得之友人秦汝立氏其大章甚完整而句字復多紕錯乃

為正其脫誤者逾三萬言而闕其疑不可考者尚十之二然後管子幾為全書夫五伯莫盛於桓公而管仲特為之佐自其事蓋稱於聖門而其言悉見紬以為權謀功利學者鮮能道之及余讀是書而深推其故然後知王者之法莫備於周公而善變

周公之法者莫精於管子何者方周之興去隆古湯穆之風未遠而后稷公劉其深仁厚澤又培之於數百年之久蓋風會既啓而文明猶鬱周公起而當制作之任其法制之綢繆文章之繁縟諸所經畫莫不犂然具舉而天下且以鴻龐淳固之俗始

嚮利於憲度著明之後故其法雖密而其
賑習着亦能安之而不悖周室既衰諸侯
曰尋於干戈謀臣詧士競出其智力以相
勝苟必競、扵先王之約束而執不移等
則勢有所格而其術必有所窮非救時之
宜矣管子故天下才也豈其智不及

是故當其謀之於垂纓下衽之曰者不過
審舊法擇其善者而從之又其要則杜事
可以隱令可以寄政使諸侯不吾虞而吾
猷安國富民以取盈於天下故其書如牧
民秉焉幼官輕重諸篇大抵不離周官以
制用而亦不盡局於周官以通其變今致

其說所謂參國為三軍者即伍兩卒旅之舊也因罰備罷用者即兩造兩劑之遺也選士首以好學慈孝而且及於拳勇股肱亦興賢之故典也鑄幣藉以黃金刀布而並及於魚鹽鍼鐵亦圜府之舊章也他如五世三准諸說不過積餘藏羨待之於國

諸侯不服吾可以戰諸侯賓服吾可以行
仁義蓋周公之法其樊然結約者要以率
民於善仲直師其意不襲其故一更之為
截然夷易而作民於戰故其言曰精時者
少曰而功多又曰吾欲正卒伍修甲兵而
大國亦將修之吾有攻伐之器而諸侯有

卷一百九十五

守禦之備是難以速得志此仲之所以立法意也夫白刃捍胸則目不見流矢援戟加首則十指不辭斷明緩急之有所先也使仲當諸侯力政之日必欲舉王制而井田吾民象刑吾法毋招權勇毋榷鹽鐵不踰時而國且餒於敵矣安能以區區之齊

伸威海岱而成其一匡之績哉昔者蘇軾氏蓋論仲之變法而曰王者之兵非以求勝故其法繁而曲霸者之兵求以决勝故其法簡而直然則謂仲之用法異於周公之意則可而謂其法之盡詭於周公則不可故曰古今遞遷道隨時降王霸迭興政

由俗革吾以為周公經制之大備蓋所以成王道之終管子能變其常而通其窮亦所以基伯道之始夫亦勢之所趨有不得不然者乎雖然非仲之輕於悖周也當太公之治齊五月而報政曰吾因其俗簡其禮至三年而伯禽之報政周公且嘆之曰

夫政不簡不易民不有近魯終北面而事
齊矣遠者太公之治有不盡倣於周官而
史蓋稱其通商賈之業便魚鹽之利人民
歸齊齊稱大國蓋自太公而齊故以富彊
名於列國仲特因齊之故而修業耳非一
無所昉襲而創為之者也世之譚者曰帝

降而王〻降而霸自仲之説行一變而入於誇詐之習其末極於秦鞅盡去先王之籍而流毒天下遂以管商爲功利之首夫商君慘礉少恩卒受惡名於秦而仲之政餙四維固六親其論白心内業不可謂無窺於聖人之道而徒以刀鋸繩民如商君

者故雖吾夫子亦且大其功而以如其仁歸之柰何躋鞅於仲也余愳夫讀是書者不探其修政立事之原而徒辱之以權謀功利使管子之所以善用周公者其道不明於天下也故爲之捽其書而寖論著其大略於篇首云

萬曆壬午春三月前史官吴郡趙用賢撰

護左都水使者光祿大夫臣向言所校讎中管子書三百八十九篇太中大夫卜圭書二十七篇臣富參書四十一篇射聲校尉立書十一篇太史書九十六篇凡中外書五百六十四以校除復重四百八十四篇定著八十六篇殺青而書可繕寫也

管子者潁上人也名夷吾號仲父少時嘗與鮑叔牙游鮑叔知其賢管子貧困常欺叔牙叔牙終善之鮑叔事齊公子小白管子事公子糾及小白立為桓公子糾死管仲因鮑叔薦管仲管仲既任政

於齊齊桓公以霸九合諸侯一匡天下管仲之謀也故管仲曰吾始困時與鮑叔分財多自予鮑叔不以我為貪知吾貧也嘗為鮑叔謀事而更窮困鮑叔不以我為愚知吾有利有不利也公子糾敗召忽死之吾幽囚受辱鮑叔不以我為無恥知吾不羞小節而恥功名不顯于天下也生我者父母知我者鮑叔鮑叔既進管仲而已下之子孫世祿於齊有封邑者十餘世常為名大夫管子既相以區區之齊在海濱通貨積財富國彊兵與俗同好

醜故其書稱曰倉廩實而知禮節衣食足而知榮辱上服度則六親固四維不張國乃滅亡下令猶流水之原令順人心故論卑而易行俗所欲因予之俗所否因去之其為政也善因禍為福轉敗為功貴輕重慎權衡桓公怒少姬南襲蔡管仲因伐楚責包茅不入貢於周室桓公北伐山戎管仲因而令燕修召公之政柯之會桓公背曹沫之盟管仲因而信之諸侯歸之管仲聘於周不敢受上卿之命以讓高國是時諸侯為管仲城穀以為之乘

邑春秋書之褒賢也管仲宮擬公室有三歸反坫齊人不以為侈管子卒齊國遵其政常彊於諸侯孔子曰微管仲吾其被髮左衽矣太史公曰余讀管氏牧民山高乘馬輕重九府詳哉言之也又曰將順其美匡救其惡故上下能相親豈管仲之謂乎九府書民間無有山高一名形勢凡管子書務富國安民道約言要可以曉合經義向謹第錄

管子序

楊忱　撰

序曰春秋尊王不尊霸與中國不與夷狄始于平王避夷難也是王室遷而微也見于周書文侯之命微王也是王者失賞也費誓善其備夷是諸侯之正也秦誓專征伐是諸侯之失禮也書春秋合體而異世也書以文侯之命終其治也春秋以平王東遷始其微也自東遷六十五年春秋無晉以其亾攘亂也及其滅中國之國而後見其行事譏

失賞也周之微也幸不夷其宗稷齊桓之功也其中國無與加其盛也其夷狄無與抗其力也見于衛詩美其存中國也春秋無與辭何異也存一國之風無其人則衛夷矣全王道之正與之霸是諸侯可專征伐也夫晉之為霸也異齊遠矣桓正文譎夫桓之為正抑夷狄存中國文之為譎陵中國微王室晉之風也無美其美無功其功外無他焉雖國人不與也然而桓之正非王道之正也以文譎而桓正也桓之功非王道之功也以攘狄而存

周也無桓周滅有周桓賊桓卒齊衰楚人滅周周之不幸桓之蚤死也故曰周之存桓之功也桓之不幸管仲之蚤死也故曰桓之功管仲之力也自是楚滅諸國而熾矣今得其著書然後知攘狄之功皆遠略也儒譏霸信刑賞豈王者誣民哉霸嚴政令豈王者忽忽哉霸鄉方略豈王者不先謀哉霸審勞佚豈王者暴師哉霸謹畜積豈王者使民不足哉亦時夷狄內聘大者畏威小者懷仁功亦至矣不幸名之不正然秦襄世何孔子曰微管仲

吾其被髮左衽與其攄也時大宋甲申秋九月二
十三日序

管子凡例

一漢志管子八十六篇吳兢書目凡三十卷今據舊本詮次其王言正言言昭修身問霸牧民解問乘馬輕重丙輕重庚共亡十篇列為二十四卷其吳兢所次卷目今不可考

一管子註出房玄齡或云出唐國子博士尹知章其訛謬穿鑿日抄論之甚詳矣蘆泉劉氏績間為補定簡明貫穿多所發明第宋本俱不載而近刻舛錯每每至不可句今據宋本校定而劉

續所註其最切當者列之篇首皆冠以按字其間有愚見所標注者亦襍見篇首得百一耳

一管子書多古字如專作摶或作貢宥作侑況作兄釋作澤此類甚衆大匡載召忽語曰百歲之後吾君下世犯吾命而廢吾所立奪吾糾也雖得天下吾不生也兄與我齊國之政也而違乃謂召忽呼管仲為兄曰澤命不渝而注務以為恩澤之命甚陋不可偏舉書既雅奧難句而為之註者復謬於訓釋故益使後人疑惑不能究

知今悉從宋本刊定不敢輕加更易其古文字
間有不可考者皆為標識篇首以俟有識者共
訂正焉

一管子新本每遇長篇文字至更端處皆别為一
行其間不能無分析太過之弊今皆按宋本校
正其文義當隔别者止為一其處以識章目所
分其新本應合而分應分而合者悉為釐正

一管子書文辭古奧既不易讀而近板數家皆承
訛襲謬襍亂支離讀者至一二卷後往往厭弃

幾成廢書今按宋本更正比次無下數千百餘處其間尚有一二闕文誤字不可解不可句者第數之篇首不敢强爲附益俟海内藏書家或更有善本重加輯定實此書之幸也

一按張巨山紹興己未寫本云從人借得讀者累月始頗窺其義訓然舛脱甚衆其所未解尚十二三則是書之訛謬難讀其來久矣今詳定句讀悉通融上下文義間有旁註誤句而盧泉氏所更正者皆列疏於上使覽者易以研解也

管子文評

劉勰曰管晏屬篇事覈而言練

漢志道家管子八十六篇孝經有弟子職一篇是
管子所作在管子書

傅子曰管子之書半是後之好事者所加輕重篇
尤鄙俗

孔穎達曰輕重篇或是後人所加

晁氏曰劉向所定凡八十六篇世稱齊管仲撰杜
祐指畧云唐房玄齡註其書載管子將沒對桓

公之語疑後人續之而註頗淺陋恐非玄齡或曰尹知章也予讀仲書見其謹政令通商賈均力役盡地利既為富彊又頗以禮義廉恥化其國俗如心術白心諸篇亦嘗側聞正心誠意之道其能一天下致君為五霸之盛宜矣

蘇子瞻曰嘗讀周官司馬法得軍旅什伍之數其後讀管夷吾書又得管子所以變周之制蓋王者之兵出於不得已而非以求勝敵也故其為法要以不可敗而已至於桓文非決勝無以定

霸故其法在必勝繁而曲者所以為不可敗也
簡而直者所以為必勝也
葉水心曰管子非一人之筆亦非一時之書莫知誰所為以其言毛嬙西施吴王好劍推之當是春秋末年又持滿定傾不為人客等亦種蠡所遵用也其時固有師傳而漢初學者講習尤著賈誼晁錯以為經本故司馬遷謂讀管氏書詳哉其言之也篇目次第最為整比乃漢世行書至成哀間向歆論定羣籍古文大盛學者雖疑

信未明而管氏申韓由此綃絀然自昔相承直云此是齊桓管仲相與諫議唯諸之辭余每惜晉人集諸葛亮事而今不存使管子設施果傳於世士之淺心既不能至周孔之津涯隨其才分亦足與立則管仲所嘗親經紀者豈不足為之標指哉惟夫山林處士妄意窺測借以自名王術始變而後世信之轉相疏剔幽蹊曲逕遂與道絕而此書方為申韓之先驅斯鞅之初覺民罹其禍而不蒙其福也哀哉

又曰管氏書獨鹽筴爲後人所遵言其利者無不祖管仲使之蒙詬萬世甚可恨也左傳載晏子言海之鹽蜃祈望守之以爲衰微之苛斂陳氏因爲厚施謀取齊而齊卒以此亡然則管仲所得齊以之伯則晏子安得非之孔子以器小畀管仲責其大者可也使其果瑣猥爲市人不肯爲之術孔子亦不暇責矣故管子之尤謬妄者無甚於輕重諸篇

周氏涉筆曰管子一書襍說所叢予嘗愛其統理

道理名法處過於餘子然他篇自語道論法如内業法禁諸篇又偏駁不相麗雖然觀物必於其聚文子淮南徒聚衆辭雖成一家無所收采管子聚其意者也粹羽錯色純玉間聲時有可味者焉

陳氏曰按漢志管子八十六篇列於道家隋唐志著之法家之首今篇數與漢志合而卷視隋唐為多管子似非法家而世稱管商豈以其標術用心之故同耶然以為道家則不類

黄震日抄曰管子書不知誰所集乃龐襍重複似不出一人之手心術内業等篇皆影附道家以為高侈靡宙合等篇皆刻斲隱語以為怪管子責實之政安有虛浮之語牧民篇最簡明其要曰倉廩實則知禮節衣食足則知榮辱禮義廉恥國之四維四維不張國乃滅亾此管子正經之綱苟得王者之心以行之雖歷世可以無弊秦漢以來未有能盡其實者也其說豈不簡明大臣篇管子行事之日聚見此書其次第皆可

按而考然其說似粉飾之以詭功若輕重篇要皆多為之術以成其私瑣屑甚矣未必皆管子之真其書所載鮑叔薦仲與求仲於魯及入國謀政與弋麋鴻飛四時三樊臨死戒勿用豎刁等說皆屢載而不同或本文列前而解自為篇或併篇或無解或云十日齋戒以召仲觴三行而仲趨出又云樂飲數旬而後諫自相矛盾若此不一故曰似不出一人之手

又曰管子註釋最多牴牾四傷之篇誤名百匿而

以四傷名七法之篇幼官篇首章云若因夜虛守靜人物則皇其後方之圖本可覆也乃衍人物二字不知參對而以夜虛為句守靜人物自為句方以人物則皇為句而曲為之說曰聽候人物也守靜豈聽候之義也幼官五圖以形生理為句而中央之註獨以形生屬上文明法篇以比周以相匿為句而下又云忘生死交其後方之明法解可覆也及政一故字不知參對而以相為匿是為句而曲為之說曰匿公是而不

行也不知比周以相匿者匿其非爾比周何是之有乎形勢篇云天地之配也地字誤作下字亦未正五法之章曰天下不患無財患無人以分之分如分地之利之分言有人次有財耳乃釋云可以分與財者賢人也殊非章旨立政之章曰道塗無行禽指人言之謂其爲能行之禽耳乃釋云無禽獸之行是以行爲去聲亦覺不倫版法篇云悅在施愛有衆在廢私今因欽文而云悅在施有衆在廢私不成文矣其他難槩

舉

楊忱序曰管子論高文竒雖有作者不可復加一

辭

張嵲曰管子天下竒文也心術白心上下内業諸篇是其功業所本

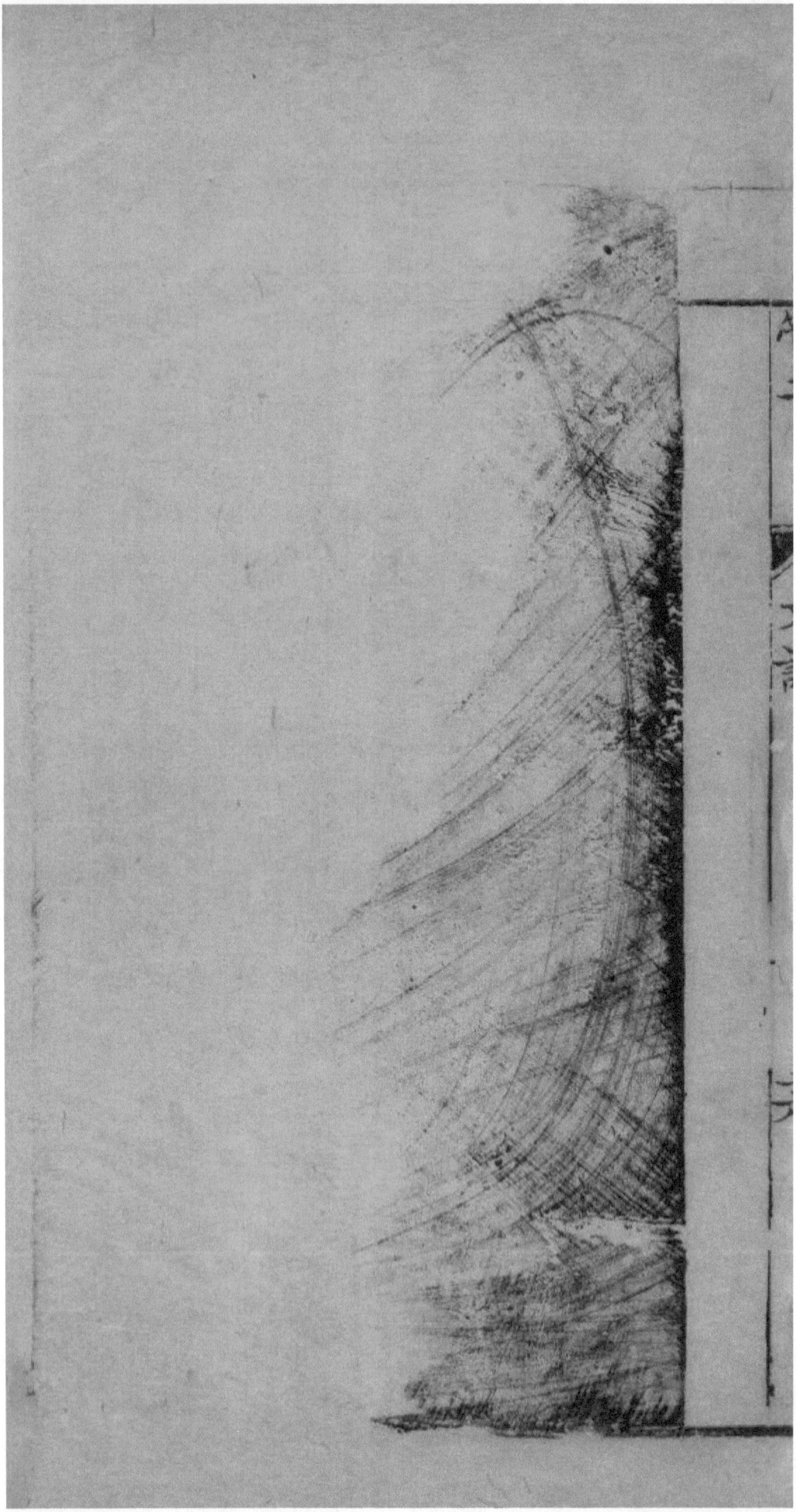

管子權凡例

一管難解免亞於莊子莊洸洋而管幽詭又經漫漶行無全本原註開山窮源之功不可沒也其舛則支而膚微言難中而道趣不入也其闕則徑之不通於夷也要以舛寧闕闕無謬舛則以盲引道胥人而南轅北駕矣凡此類權通于下然而原文無竄易無批抹指其車則得迷與之鑑則知醜何敢削故跡多騈説以詆譏先正哉莫爲之先後者更難

一訓故主于章句訓理主於意指舊註煩説又益之滋蕪也其淂解者不必解者都無下通有通爲以通不通尒然書本幽深有合發則義條而圜單辭則致瑣而離故所通多連合上下會記成文不專主句尋脉自見又古人文不同後世關鍵起結呼應顯指又不同後世詞理比附聯絡疏通故莊子曰雖參差而瑰瑋可觀秦先之於春秋先更懸矣然而大義本旨無不相屬往往有下意暗伏用字陰挽種種溪文難以盡闡

非可直了敢謂千慮之無失或冀片訓之立要
索之象外或可徹之玄中
一評評其事理之合累文辭之品第然管之僞言
十而七矣旨既無奇文復卑近道法家恩之將
錯用文章家睞之將累作其大列議于前其細
條附于下要使玄珠不遺于譏詬楚玉不冒于
燕石三立之傳將有取焉
一管子雜載道法兩書始下權本以疏道後乃泥
濫卒業道微而秘管子多古言流傳半入吊詭

法則有行於後不戾于古者有效於前滋弊於後者非演之其秘不可得而參其往與來不可得而相印也演爲敷焉申焉究歸焉或暢彼之所長或詘巳之所契或合或離或顯或微通其指可參於中引其義可知於外不主釋解多緣文議非文不成一家之言不標一義之宗

一管子之難非獨難于解抑難于讀本註舛於分句者多矣今沒權定別爲點句有義則疏之無則句之或又有○而失于句者要樂之舊本凡

所更訂繹故可通讀者因句而求文直下了然思過半矣

一唐註後絶無善本舊有山東刻魯魚棼龎半不成義今世所行趙侍郎定宇先生管韓二子評本也賴其考訂始得成誦加以評騭殊饒理解所權已入評正并發新義仍標于上不復下筆唯刪其觕迮繁碎總以共宣遺文翊贊古人為管之忠臣無人我一也劉氏不甚精討其已入趙本者并存正焉

一趙本諸篇多有乙截分段通詳文義有合分有不合分今壹去其乙讀者自解片合無庸支贅

一趙本凡例諸條中解十七不中十三要論世者各以所見標設一議如汲于河采于山非一家一種之可拘也前人苦心而緝之後人可芟識而攟之即於書義未盡探精要大都具爾今無損裁以備攬酌

一此三權出一時臆之緐以希百世旦暮之解敢遂為不刊相翼不朽聊自存讀者苦心未必

盡荷作者微志且篇中多有詭舛連併疑不可點句況可下意嘗謂尚書古文商周之閒諸篇駁蚤或經傳授翻寫衍闕難通後儒强爲据說安知是書獘不坐此咸陽火後三代之全文眇矣其所不盡不合不精不覈或祈寄心之士别加裁定或有藏秘之家出爲印正是在天乎望之後人

一榷中許文即文論世即世論體升降差等正如書家四勢時遞不同乃文之關于氣運其然則

豨韋氏之後其誰能不波況其末流凡余所論
遡河于源所謂商周之樂盡矣若以三侯七德
與象武並奏恐聖人審音不止于未盡善也書
中長支漫謂爲先秦濫觴已幾其他狐裘羔袖
于後之羊質虎皮猶有逕庭爲博識古服之士
于此會心如攬古人數行真蹟自知後世臨摹
神骨大別下筆便有貴氣千年來士大夫往往
癖購淂漢以前一玉一器寶玩不釋而獨于古
文寥如也吾不解此惑矣世並道交喪惜夫

一古書不應加圈點爲釆山探淵者發其竒爲賞識焉此中理詞俱妙用○意字現竒用ㄥ條暢雋爽用丶所謂玄之又玄非此外都不精也然文有義有詞又有體有章有法有格古文都與後人不同如形家相地隱隱真龍細尋結作此非偏解之所可用亦非標評所能盡者季子曾樂師曠南風知音自得之

一著書之旨顯晦不同讀書所入淺深隨異權經三閱義亦屢更猶有昧于前而得通于今者漏

于初而宜增于後者乃刻成之後無容竄入稍
有條列重標于上以[illegible]曰補庶完一得之慮或
當百世之解

管子權凡例終

管子目録

苐一卷

牧民苐一　形勢苐二

權修苐三　立政苐四

乘馬苐五

苐二卷

七法苐六　版法苐七

苐三卷

幼官苐八　幼官圖苐九

五輔苐十
苐四卷
宙合苐十一　樞言苐十二
苐五卷
八觀苐十三　法禁苐十四
重令苐十五
苐六卷
法法苐十六　兵法苐十七
苐七卷

大匡第十八
第八卷
中匡第十九　小匡第二十
王言第二十一
第九卷
霸形第二十二　霸言第二十三
問第二十四　謀失第二十五
第十卷
戒第二十六　地圖第二十七

參患第二十八　制分第二十九
君臣上第三十
第十一卷
君臣下第三十一　小稱第三十二
四稱第三十三　正言第三十四
第十二卷
侈靡第三十五
第十三卷
心術上第三十六　心術下第三十七

白心苐三十八

苐十四卷

水地苐三十九　四時苐四十

五行苐四十一

苐十五卷

勢苐四十二　正苐四十三

九變苐四十四　任法苐四十五

明法苐四十六　正世苐四十七

治國苐四十八

第十六卷
内業第四十九　封禪第五十
小問第五十一
第十七卷
七臣七主第五十二　禁藏第五十三
第十八卷
八國第五十四　九守第五十五
桓公問第五十六　度地第五十七
第十九卷

地員第五十八　弟子職第五十九
言昭第六十　修身第六十一
問霸第六十二　牧民解第六十三
第二十卷
形勢解第六十四
第二十一卷
立政九敗解第六十五
版法解第六十六　明法解第六十七
臣乘馬第六十八　乘馬數第六十九

問乘馬第七十
第二十二卷
事語第七十一　海王第七十二
國蓄第七十三　山國軌第七十四
山權數第七十五　山至數第七十六
第二十三卷
地數第七十七　揆度第七十八
國準第七十九　輕重甲第八十
第二十四卷

輕重丙第八十一　輕重乙第八十二

輕重丁第八十三　輕重戊第八十四

輕重己第八十五　輕重庚第八十六

右二十四卷

凡八十六篇內十篇

管子榷目録終

管子校

目録

五

管子權卷第一

唐司空房　玄齡　註

明道民朱　長春　權

牧民第一　形勢第二　權修第三

立政第四　乘馬第五

牧民第一　國頌　四維　四順　士經　六親　五法

經言一

㊄六家之指同出於道各有本領揭其宗門法

家以管氏為大祖經言管氏之本宗也斤斤麋

廩要於持國畜民多於政而薄於道寡於權而濶於仁千王遠矣然千强猶絕屬之系大宗也

凡有地牧民者務在四時（四時所以生成萬物也）守在倉廩（食者人之天也）國多財則遠者來地辟舉則民留處（舉盡也言地盡闢則人留而安居處也）倉廩實則知禮節衣食足則知榮辱上服度則六親固（服行也上行禮度則六親各得其所以能感恩而結固之）四維張則君令行故省刑之要在禁文巧（文巧者刑罰所由生）守國之度在飾四維順民之經在明鬼神祇山川（鬼神山川皆有尊卑之序故敬明之）敬宗廟恭祖舊（謂恭承先祖之舊法）不

務天時則財不生不務地利則倉廩不盈野蕪曠則民乃菅菅當為姦㊣通民飢而草食也近之上無量則民乃妄文巧不禁則民乃淫不璋兩原則刑乃繁璋當為章章明也兩原謂妄之原上無量也淫之原不禁文巧也能明此法者刑簡不明鬼神則陋民不悟不悟鬼神有尊卑之異也不祗山川則威令不聞言能登封降禪祇祀山川則威令遠聞不敬宗廟則民乃上校校效也君無所尊人亦效之㊣通宗廟上事其先示民有所尊而不犯也不敬其上何以教民事上上校者爭而犯上不恭祖舊則孝悌不備四維不張國乃滅亡㊣演王

天下之往也水下獸擴唯其情所欲故曰同民心
而出治道治所以運心而行其同非其所以治也
故出有原同有歸曰治本王者一其本而與天下
同者也伯者一其法而强同于天下者也夫牧民
如畜順其欲無拂其惡虎能使媚而况于他管氏
先國頌與維而後順是先强之束之而後順之也
上不先示其心下見上之不先收其心管所以不
王而孔子所以小

右國頌頌容也謂陳為國之形容

國有四維。一維絶則傾，二維絶則危，三維絶則覆，四維絶則滅。傾可正也，危可安也，覆可起也，滅不可復錯也。何謂四維？一曰禮，二曰義，三曰廉，四曰恥。禮不踰節，義不自進，（自進謂不由薦舉也）廉不蔽惡，（隱蔽其惡非貞廉也）㊀通 汙者惡，廉者清。有惡則有揜著，無惡者皎然純白，何蔽？恥不從枉。（詭隨邪枉無羞之人）故不踰節則上位安，不自進則民無巧詐，不蔽惡則行自全，不從枉則邪事不生。

右四維

政之所興，在順民心；政之所廢，在逆民心。民惡憂勞，我佚樂之；民惡貧賤，我富貴之；民惡危墜，我存安之；民惡滅絶，我生育之。能佚樂之，則民為之憂勞；君於平康能佚樂人，及其危，人必為之憂勞，下三順皆然。能富貴之，則民為之貧賤；能存安之，則民為之危墜；能生育之，則民為之滅絶。故刑罰不足以畏其意，殺戮不足以服其心。畏意服心，在於順其所欲，不在刑罰殺戮。故刑罰繁而意不恐，則令不行矣；殺戮衆而心不服，則上位危矣。故從其四欲，則遠者自親；行其四惡，則近者叛之。故知予

之為取者政之寶也謂予之生全取其死難也

㊣演所欲與聚惡勿施便是四順晁家令人情莫不欲之四言出此王道也而伯視所行何如耳雖然此其小之於道者也非其叛之於衰者經言之外所論法是何斤斤毒毒壹把鈐天下之術而猜刻苛忍為小鮮之亂于大國而淪雞之沸於函鼎乎則且胥四域不供于一蘄艾而淵無魚山無林民無于藏命則亡命走耳欲法之誰與而法之故人知成湯之弛網為縱獸而不

知綱弛之之所以歟得也取不用命以令用命天下皆闢于吾令何求哉布綱合圍而拱手以治天子不殺可矣成康之措刑視于穆之祥刑文景之任德視于武宣之嚴吏天下可知也故曰仁失而後義義失而後禮又況禮失而刑諸四順曰政之所興在順民心民心之悅於生而惡於殺可知也故曰刑罰不足以畏[illegible][illegible]殺戮不足以服其心此管氏之經言本領哉是以十五合諸侯而冠裳居三之二兵車毒遂屢戰以

盈野膏草無聞焉春秋之三大戰蓋自晉楚始
也聖人傷之追思之而歎曰如仁如仁仁能及
天下而不及一國以用任法而草菅之乎又何
以聖人略本内而予標外將聖人為法家㽞䂄
也故曰仲之器小小從于其内而不足出于其
外而不正則邪也故管子書可信者經言他皆
雜附當以道别不從法志入于道之内而不足
則管子出于道之外而不經則僞也

右四順

錯國於不傾之地積於不涸之倉涸竭也藏於不竭之府下令於流水之原使民於不爭之官明必死之路開必得之門不為不可成不求不可得不處不可久不行不可復錯國於不傾之地者授有德也積於不涸之倉者務五穀也藏於不竭之府者養桑麻育六畜也下令於流水之原者令順民心也使民於不爭之官者使各為其所長也各長其所長則順而悅故不爭也明必死之路者嚴刑罰也開必得之門者信慶賞也不為不可成者量民力也不求不可

得者。不彊民以其所惡也。不處不可久者。不偷取一世也。（謂所處可必使百代常行）不行不可復者。不欺其民也。（復重也欺民之事不可重行也）故授有德則國安。務五穀。則食足。養桑麻。育六畜。則民富。令順民心。則威令行。使民各為其所長。則用備。嚴刑罰。則民遠邪。信慶賞。則民輕難。量民力。則事無不成。不彊民以其所惡。則詐偽不生。不偷取一世。則民無怨心。不欺其民。則下親其上。〔評〕造句為工春秋上古文如此七國後始奇在氣調古人心樸後人心宕古人以質為文

後文中求文古方而平後詭而肆亦運之漸然

右士經士事也經常也謂陳事之可以常行者也

以家為鄉。鄉不可為也。言有家之親所以為鄉之睞必生怨故不可為也下三事同此 通 大學所厚者薄同音故下云無曰不同生以鄉為國。國不可為也。以國為天下。天下不可為也。以家為家。一親也以鄉為鄉。二親也以國為國。三親也以天下為天下。四親也毋曰不同生。遠者不聽。謂家也言有家之親而謂之曰不與汝同家而生用此以相睞遠者必不聽下同毋曰不同鄉。遠者不行。毋曰不同國。遠者不從。如地如天。何私

何親。二親也如月如日。唯君之節。六親也天地日月取其耀臨言人君
親下當如天地日月之無私也㊟家為鄉鄉為國國為天下以己
而寵民者家為家鄉為鄉國為國天下為天下因
人而無以己者無己故大道為公而如天如地如
日如月有己則不聽不行不從御民之轡。在上之
所貴。言人從上之所貴若馬之從轡道民之門。在上之所先。上所先行
人必行之其從之若由門矣召民之路。在上之所好惡。故君求
之。則臣得之。君將求之臣已先索得之也君嗜之。則臣食之。君
好之。則臣服之。君惡之。則臣匿之。一法也毋蔽汝惡

四百十五

◎

毋異汝度。汝君也賢者將不汝助。言室滿室。言堂滿堂。是謂聖王。二法也言堂室事而令通滿室滿堂滿取其露見不隱也

助者衆也城郭溝渠。不足以固守。兵甲彊力。不足以應敵。博地多財。不足以有衆。言城郭兵甲博地不足以固守應敵有衆其固守應敵有衆更在有道者也惟有道者能備患於未形也。故禍不萌。三法也天下不患無臣。患無君以使之。天下不患無財。患無人以分之。可以分與財者賢人也故知時者可立以為長。無私者可置以為政。審於時而察於用。而能備官者。可奉以為君也。四法也緩者後於

事。悉於財者失所親。信小人者失士。也五法（通）六親

五法不見明分段落註者强為之說耳此類但解

其義可不問其目

右六親五法

形勢第二自天地以及萬物關諸人事莫不有形勢焉夫勢必因形而立故形端者勢必直狀危者勢必傾觸類莫不然可以一隅而反

經言二

（評）六學之外如此山高篇最奇古韜略尉繚不

及也其文節節散叙頗近戴記又似道德二篇

然六經諸子猶典雅陳常簡古中有正大春秋
以上皆然斯爲王者之世此中隱隱曲曲傳此
奇造乃爲吊詭哉斯降而伯矣管子一生内寄
轉移作術與立言大相合王以正伯以奇正無
令人不知而伯唯恐令人知
山高而不崩則祈羊至矣淵深而不涸則沈玉極矣。極至也山不崩淵不涸興雨之祥故羊玉而祈祭烹羊以祭故曰祈羊
(通)山川曰望爲其高深通天地之氣利萬民之用不崩不涸所以成其高深而永其秩望也專主君道形勢解

按受辭謂名出言順理而民受之无異也名運謂聲名彰乎四方也

亦後人訓註多失其旨矣天不變其常地不易其則春秋冬夏不更其節古今一也（今之天地即古之天地今之四時即古之四時故曰古今一也）蛟龍得水而神可立也虎豹得幽而威可載也（至德處盛位天下可平載行也）風雨無鄉而怨怒不及也（鄉方也既無方所故無從而怨怒也）貴有以行令賤有以忘卑（貴而行令令乃行賤而忘卑卑可移）壽夭貧富無徒歸也（皆有理在焉）御命者君之尊也受辭者名之運也（言受君之辭以出命則名必運運行也）

通　天地春秋冬夏言其常而一蛟龍虎豹風雨言其變而神常以變一以神君道配天道矣故

貴行其令而賤忘其畢生殺予奪一人捺其歸是以上尊命而下受辭上無事則民自試試用也抱蜀不言而廟堂既修抱持也蜀祠器也君人者但抱祠器以身率道雖復靜然不言廟堂之政既以修理矣㊀通道家無為民化之指鴻鵠鏘鏘唯民歌之感德化也濟濟多士殷民化之紂之失也戒紂之失故化文王飛蓬之問不在所賓燕雀之集道行不顧蓬飛因風動搖不定喻二三之聲問明主所不賓燕雀翔集事之常細也故行道之人忽而不顧謂小事非大人所宜知㊀通無稽之言勿聽故飛蓬之問不根則不賓勿詢之謀勿庸故燕雀之集不常則不顧是

通。三子技名世必有所以致之非在乎矣操縱斵削之末

以貴言有物而行有恒犧牷圭璧。不足以饗鬼神

鬼神享德不在圭璧主功有素寶幣奚爲。主能立功可謂有素有素則諸侯不敢犯寶玉幣帛何所爲乎

羿之道非射也造父之術非馭也奚仲之巧非斵削也。羿之射貴其肆武服戎不在其落烏中鵠造父之馭貴其軍容致遠不在轍跡徧天下也奚仲之巧貴其九車以載不在斵削成光鑑也

㊣羿非射造父非馭奚仲非斵以証上犧玉不饗而主功有素

謂其致有神不在于事輪扁亦云是以無使無言而夜行獨有遠之召非使可令近之親非言可結德化所溢也召遠者使無爲焉。親近者言無事焉

◎

唯夜行者獨有也。遠使無爲所以優遠方也親於近者貴於恩厚不在於虛言夜行謂陰行其德則人不與之爭故獨有之也㊀通夜行者神妙萬物而不知天下順帝之則曰陰行獨有平原之隰奚有於高。言平隰之澤雖有小封不成於高喻人有大失小善不成其美隰下澤也大山之隈。奚有於深。隈山曲也言山既大矣雖有小隈不成爲深喻人有高行雖有小過非不肖也訾讆之人勿與任大。訾毀賢讆讆惡也如此之人則亂大邪也讒臣者可以遠舉。言行莫先謂之讒臣有大言行者可與舉國之遠也顧憂者可與致道其訛也。遠而憂在近者往而勿召也。小人之計得之雖遠然幾尋至則憂及之此人親近推之令去不須召也㊀通山不厭高水不厭

作○顧憂而慮後患也

類。必得之事三句釋皆非觀解自明

深先發之華必隕，早實之果必落，計速未有不憂

在近也。舉長者可遠見也。舉用長利，衆皆見之，故曰遠見。裁大者

衆之所比也。裁斷也。能斷事，衆必比之。大美人之懷，定服而勿

厭也。欲令人貴美而懷歸者，須安定服行道德，勿有疲厭。(通)舉長、裁大、美人

懷三言，皆比物。必得之事，不足賴也。必諾之言，不

足信也。言人於事莫為疑動，言必得應諾，如此虛誕者耳，不足賴信也。小謹者不

大立。訾食者不肥體。言人無弘量，但有小謹，不能大立也。訾，惡也。惡食之人，憂

熑致齋，故不能肥體。(通)原之平雖隰，無高山之大；雖隈，無深

義與小知大受政同，故訾讏勿任，大而譕臣顧憂

文四百五十

乃可遠舉致道如其計速憂近往則勿召矣舉長裁大與內美之懷皆任大者也必得必諾小謹嘗食皆任小者也故參于天地唯有天地無棄之德者能之乎有無棄之言者必參於天地也。言無可棄動為法則若天地之無不容載故曰參之天地墜岸三仞人之所大難也而猿猱飲焉故曰伐矜好專舉事之禍也。猿遇墜岸而能飲渝智者逢禍而能息也不行其野不違其馬。馬有識道之性不違馬而自得塗渝未經其事問其所經能予而無取者天地之配也。天地施生不求所報與而不取可以配天地也（通）猿連臂而下飲于三仞之隰如夷

趙〻按言怠惰則不能及時成事操要則忽然成事故曰疑神若能審內外之操要之神則急惰不及皆亦從而律矣

也知連引之無難則知矜專之禍老馬識道不行
野者資其智故予人而任之功可配天地自取而
伐矜厩幾及一身怠倦者不及倦怠之人觸塗無靡滯故多不及
廣者疑神神者在內不及者在門無得以巳及不及疑神不神神
雖無形常在於內故曰在內也不及外見故曰在門也在內者將假在門者
將待將假謂神將借巳也待謂須自厲以待曙戒勿怠後穉逵殃每曙
而戒所以戒此日之事以待曙戒戒勿為倦怠也朝怠其事夕失其功邪
氣入內正色乃衰（通）在內為君在門為役將假者
餘以借人將待者厘以受令邪入內則不神正衰

故怠而不及君不君則臣不臣。父不父則子不子。上失其位。則下踰其節。上下不和。令乃不行。衣冠不正。則賓者不肅。進退無儀。則政令不行。且懷且威。則君道備矣。莫樂之。則莫哀之。常能樂人及其有難人必哀之也莫生之。則莫死之。常能生人及其有危人必死之往者不至。來者不極。此往情不至則彼來意不極也道之所言者一也。而用之者異。道之所言其理不二但用之不同其事遂異也有聞道而好為家者一家之人也。雖聞道但好理家此但一家之人耳言無廣遠有聞道而好為鄉者。一鄉之人也。有聞道而好為國者。一國之

人也有聞道而好為天下者天下之人也此亦仁者見之
謂之仁智者見之謂之智也有聞道而好定萬物者天下之配
也此則君子體斯道也道往者其人莫來道來者其人莫往
道之所設身之化也道者均彼我忘是非故無來往之體然道之所設身必與
之化也通失道寡助得道多助故道往人往道來人
来身與道設道隨身化故以為天下定萬物持滿
者與天安危者與人失天之度雖滿必涸上下不
和雖安必危能持滿者則與天合能安危者則與人合不合於天雖滿必涸不合於人
雖安必危通天度主節所以持盈人和主仁所以定傾

欲王天下而失天之道。天下不可得而王也。得天之道。其事若自然。失天之道。雖立不安。其道既得。莫知其為之。其功既成。莫知其釋之。藏之無形。天之道也。疑今者察之古。不知來者視之往。萬事之生也。異趣而同歸。古今一也。生棟覆屋。怨怒不及。弱子下瓦。慈母操箠。言人以生棟造舍雖至覆屋但自咎而已不敢怨及他人至弱子下瓦所損不多慈母便操箠而怒之喻人主過由己作雖大而吞聲過發他人雖小而振怒也

演覆屋不怨下瓦操箠說在莊子虛舟之遊無心之謂天有心之謂人天則遠自親人則親造怨

帝王之臨寓何心哉殺無殺利無利若四時迭運于前當之者榮落而我無爲一天而已故百姓皆云我自然天道之極遠者自親天道平分遠近無二故遠者自親也人事之趨近親造怨人事則愛惡相攻故有近親造怨也萬物之於人也無私近也無私遠也動物則有識而無知植物則有生而無識故於人也無私遠近通無私近私遠承上言巧者善用天則遠附親而有餘拙者用人逆天近造怨而不足巧者有餘而拙者不足萬物既無私於人故巧者用之有餘拙者用之不足其功順天者天助之其功逆天者天違之天之所助雖

小必大。天之所違，雖成必敗；順天者有其功，逆天者懷其凶，不可復振也。烏鳥之狡，雖善不親。狡謂猾也。言烏鳥之性多猾，初雖相善，後終不親。不重之結，雖固必解。道之用也，貴其重也。通禽獸無情，乍合乍離，故曰烏合。烏集此與上燕雀相似。莊子曰：無故以合，則無故以離。貴其重也，是相親而不解者。毋與不可，毋彊不能，毋告不知。與不可，彊不能，告不知，謂之勞而無功。見與之交，幾於不親；見謂不忘而恃之也。與，親與也。見哀之役，幾於不結；役而哀之，雖有惻然，見而不忘，故彼不結也。見施之德，幾於不報。雖有恩施之德然見而不忘故彼不報也四方所歸心。行者也。心行能不見則四方歸之㉂通心行與上夜行合心也夜也誰得而見之不見是謂至德故曰不顯其德如不忘又第二矣獨王之國。勞而供鶩鷘門下諸㉂通獨王自通不必依解作獨任獨國之君。卑而不威。自媒之女。醜而不信㉂通自媒者獨王獨國之比無與成其合也不如形勢解來之見而親焉。可以往矣。未見而親親必無終故可往矣㉂通可往可来註長于解久而不忘焉。可以來矣。日月不明。天不易也。山高而不見。地不易

也。日月無不明假令不明是天有雲氣而不易也山高無不見假令不見是地多嶮阻不平易也

(通)日月有晦蝕而天之清不易適郢南面不見恒山而地之體不易天地之用有變而天地之道常一也知乎可與言易矣可與言道矣君與乎哉言而不可復者君不言也。行而不可再者君不行也。謂臣有忠言不可復言者則由君不言故也臣有善行不可再行時臘月十二日也凡言而不可復。行而不可再。樕霜至蘩婆一禁也。(通)言行即屬君于臣無當

權修第三

權者所以知輕重也君人者必知事之輕重然後國可為故須修權

經言三

（評）權修名奇文不稱經言典常文不經詳其體周末秦先之間乎已濫矣意後之法家纂入之耶或脫亡而妄補之吾不敢信吾于文論其世也

（評）萹中美言爭民爭貨爭貴爭治樹穀樹木樹人數行可其他㝵衍申承似墨子長支悠廉似荀子

萬乘之國兵不可以無主。無所主則無所統一也土地博大野不可以無吏。無吏則不屬於壑閭百姓殷衆官不可以無長。無長則無所稟令也操民之命。朝不可以無政。地博而國貧者。野不辟也。民衆而兵弱者。民無取也。兵無王故無所取則故末產不禁。則野不辟。賞罰不信。則民無取。野不辟。民無取。外不可以應敵。內不可以固守。故曰。有萬乘之號。而無千乘之用。而求權之無輕。不可得也。國號萬乘及其兵用不滿於千如此者權必自輕也地辟而國貧者。舟輿飾。臺榭廣也。賞罰信而兵弱者。輕用衆。使民勞也。舟車飾。臺榭廣。則賦斂厚矣。輕用衆。使民勞。則民力竭矣。賦斂厚則下怨上矣。民力竭則令不行矣。下怨上，令不行，而求敵之勿謀己，不可得也。欲為天下者，必重用其國；欲為其國者，必重用其民；欲為其民者，必重盡其民力。重為矜惜之也。無以畜之，則往而不可止也。往謂亡去也。無以牧之，則處而不可使也。人雖留處，無畜牧之道，故不可使也。遠人至而不去，則有以畜之也。民衆而可一，則有以牧之也。見其可也，喜之有徵；徵，驗也。必有恩錫以驗見喜，無空然矣。見其不可也，惡之有刑。賞罰信於其所見，雖其所不見，其敢為之乎？所見之處賞罰既信則所不見懼而從教不敢為非見其可也喜之無徵見其不可也。惡之無刑賞罰不信於其所見。而求其所不見之為之化不可得也厚愛利足以親之明智禮足以教之。上身服以先之。服行也凡所欲教人在上必身自行之所以率先於下也審度量以閑之。所以防閑其姦偽也鄉置師以說道之然後申之以憲令。勸之以慶賞振之以刑罰。振整也故百姓皆說為善則暴亂之行無由至矣。地之生財有時。民之用力有倦。而人君之欲無窮以有時與有倦。養無窮之君。而度量不生於其閒。度量不生則賦役無限也則上下相疾也。上疾下之不供，下疾上之無窮。是以臣有殺其君子有殺其父者矣。故取於民有度，用之有止，國雖小必安；取於民無度，用之不止，國雖大必危。地之不辟者，非吾地也；民之不牧者，非吾民也。凡牧民者，以其所積者食之，不可不審也。其積多者其食多，其積寡者其食寡，無積者不食。或有積而不食者，則民離上；有積多而食寡者，則民不力；有積寡而食多者，則民多詐；有無積而徒食者，則民偷幸。故離上不力多詐偷幸，舉事不成，應敵不用。故

曰察能授官班禄賜予使民之機也野與市爭民
（民務本業則野與市爭民）家與府爭貨（下務藏積則家與府爭貨）金與粟爭
貴（所寶惟穀故金與粟爭貴）鄉與朝爭治（官各務其職故鄉與朝爭治）故野
不積草農事先也府不積貨藏於民也市不成肆
家用足也朝不合衆鄉分治也故野不積草府不
積貨市不成肆朝不合衆治之至也人情不二故
民情可得而御也審其所好惡則其長短可知也
觀其交游則其賢不肖可察也二者不失則民能
可得而官也（二者謂好惡交游也）地之守在城城之守在兵

兵之守在人。人之守在粟。故地不辟。則城不固。有身不治。奚待於人。（待謂將治之言。身既不能自治。則無以治人也。）有人不治。奚待於家。有家不治。奚待於鄉。有鄉不治。奚待於國。有國不治。奚待於天下。天下者。國之本也。國者。鄉之本也。鄉者。家之本也。家者。人之本也。人者身之本也。身者。治之本也。故上不好本事。則末產不禁。末產不禁。則民緩於時事而輕地利。輕地利。而求田野之辟。倉廩之實。不可得也。商賈在朝。則貨財上流。（若桓靈之賣官也）婦言人事。則賞罰不信。（婦者所以職其蠶織此之不為輒言人事婦人之性險詖故賞罰不信矣男女無別。則民無廉恥。貨財上流。賞罰不信。民無廉恥。而求百姓之安難兵士之死節。不可得也。朝廷不肅。貴賤不明。長幼不分。度量不審。衣服無等。上下凌節。而求百姓之尊主政令。不可得也。上好詐謀閒欺閒隔也有所隔礙而欺詐也臣下賦斂競得。使民偷壹。偷取一時之快則百姓疾怨。而求下之親上。不可得也。有地不務本事。本事謂農君國不能壹民。而求宗廟社稷之無危。不可得也。上恃龜筮。好用巫醫。則鬼神驟祟。故功之不立名之不章，爲之患者三。（尙功不立，名不章，必爲三患。下獨王、貧賤、日不足是也。）有獨王者，（謂無黨也。）有貧賤者，有日不足者。（有日不足之費也。）◯通 獨王，主孤也；貧賤，國虛也；日不足，政煩也。

一年之計，莫如樹穀；十年之計，莫如樹木；終身之計，莫如樹人。（樹人謂濟而成立之。）一樹一穫者，穀也；一樹十穫者，木也；（果木過十年漸就枯悴，故曰十穫也。）一樹百穫者，人也。（人有百年之壽，雖使無百年，子孫亦有嗣之而報德者，故曰百穫也。）我苟種之，如神用之。（一種百穫，近識者莫能測其由，故曰如神用也。）舉事如神，唯王之門。（王者貴神道設教也。）凡牧民者，使士無邪行，女無淫事。士無邪行

教也。女無淫事。訓也。教訓成俗而刑罰省。數也所角反

凡牧民者。欲民之正也。欲民之正。則微邪不可不禁也。微邪者。大邪之所生也。微邪不禁而求大邪之無傷國。不可得也。凡牧民者。欲民之有禮也。欲民之有禮。則小禮不可不謹也。小禮不謹於國。而求百姓之行大禮。不可得也。凡牧民者。欲民之有義也。欲民之有義。則小義不可不行。小義不行於國而求百姓之行大義。不可得也。凡牧民者。欲民之有廉也。欲民之有廉。則小廉不可不修也。小

廉不修於國而求百姓之行大廉不可得也凡牧民者欲民之有耻也欲民之有耻則小耻不可不飾也小耻不飾於國而求百姓之行大耻不可得也凡牧民者欲民之修小禮行小義飾小廉謹小耻禁微邪此厲民之道也民之修小禮行小義飾小廉謹小耻禁微邪治之本也凡牧民者欲民之可御也欲民之可御則法不可不審法者將立朝廷者也將立朝廷者則爵服不可不貴也爵服加于不義則民賤其爵服民賤其爵服則人主不尊

人主不尊則令不行矣法者將用民力者也將用民力者則祿賞不可不重也祿賞加于無功則民輕其祿賞民輕其祿賞則上無以勸民上無以勸民則令不行矣法者將用民能者也將用民能者則授官不可不審也授官不審則民閒其治民閒其治則理不上通理不上通則下怨其上下怨其上則令不行矣法者將用民之死命者也用民之死命者則刑罰不可不審刑罰不審則有辟就有辟就則殺不辜而赦有罪殺不辜而赦有罪則國

不免於賊臣矣故夫爵服賤祿賞輕民閒其治賊臣首難此謂敗國之教也

立政第四 三本 四固 五事 首憲 首事 省官 服制 九敗 七觀

經言四

評 立政文質而正非奇也殊與形勢乘馬不類必非一手然猶春秋文體其首憲一篇略近齊語首事以下後代典志之本當是經言正書七國以下無此文矣

國之所以治亂者三殺戮刑罰不足用也 三謂三本也謂

◎

治亂法各有三也國之所以安危者四。城郭險阻，不足守也。四謂四固國之所以富貧者五。輕稅租，薄賦歛，不足恃也。五謂五事治國有三本，而安國有四固，而富國有五事。五事，五經也。自三本已上總其目君之所審者三：一曰德不當其位，二曰功不當其祿，三曰能不當其官。此三本者，治亂之原也。故國有德義未明於朝者，則不可加於尊位；功力未見於國者，則不可授以重祿；臨事不信於民者，則不可使任大官。故德厚而位卑者謂之過，德薄而位尊者謂之失，寧過於君子而毋失於小人過於君子其為怨淺失於小人其為禍深（演）養馬瘦之猶得力養虎飽之終遺患在天性也故曰寧過君子無失小人然其在知乎天下有偽君子有奸小人雜中而偽外其孰從而察之察之斯慎之易曰見惡人以避咎也魏祖曰寧我負人無人負我此二言盡小人之毒矣得免小人之毒矣是故國有德義未明於朝而處尊位者則良臣不進有功力未見於國而有重祿者則勞臣不勸有臨事不信於民而任大官者則財

臣不用。三本者審則下不敢求。三本者不審則邪臣上通而便辟制威如此則明塞於上而治壅於下正道捐弃而邪事日長。三本者審則便辟無威於國道塗無行禽。無禽獸之行踈遠無蔽獄。孤寡無隱治故曰。刑省治寡。朝不合衆。

右三本

君之所愼者四。一曰大德不至仁。不可以授國柄。德雖大而仁不至或苞藏禍心故不可授國柄㊣通下言卿相不得衆則逕

仁者豈弟君子民之父母也貞清之品過行之賢

徃徃刻意立德則長而子民弘愛則短二曰見賢不能讓不可與尊位三曰罰避親貴不可使主兵四曰不好本事不務地利而輕賦斂不可與都邑此四務者安危之本也故曰卿相不得衆國之危也大臣不和同國之危也兵主不足畏國之危也民不懷其產國之危也故大德至仁則操國得衆見賢能讓則大臣和同罰不避親貴則威行於鄰敵好本事務地利重賦斂則民懷其產

右四固

君之所務者五。一曰山澤不救於火。草木不植成。國之貧也。二曰溝瀆不遂於隘。鄣水不安其藏。國之貧也。三曰桑麻不植於野。五穀不宜其地。國之貧也。四曰六畜不育於家。瓜瓠葷菜百果不備具。國之貧也。五曰工事競於刻鏤。女事繁於文章。國之貧也。故曰。山澤救於火。草木殖成。國之富也。溝瀆遂於隘。障水安其藏。國之富也。桑麻殖於野。五穀宜其地。國之富也。六畜育於家。瓜瓠葷菜百果備具。國之富也。工事無刻鏤。女事無文章。國之富也。

右五事

分國以爲五鄉，鄉爲之師。分鄉以爲五州，州爲之長。分州以爲十里，里爲之尉。分里以爲十游，游爲之宗。十家爲什，五家爲伍，什伍皆有長焉。築障塞匿，匿隱一道路，摶出入，審閭閈，慎筦鍵，筦藏于里尉。置閭有司，以時開閉。閭有司觀出入者，以復于里尉。復白凡出入不時，衣服不中，圈屬羣家之類也群徒，衆作後也不順於常者，閭有司見之，復無時。若在長家子

趙。及坐及也

弟臣妾屬役賓客。則里尉以譙于游宗。游宗以譙于什伍。什伍以譙于長家。譙敬而勿復。既譙能敬而從命無事可白則是赦令行一再則宥。三則不赦。凡孝悌忠信賢良儁材若在長家子弟臣妾屬役賓客。則什伍以復于游宗。游宗以復于里尉。里尉以復于州長。州長以計于鄉師。鄉師以著于士師。凡過黨其在家屬及于長家其在長家及于什伍之長。其在什伍之長。及于游宗其在游宗。及于里尉其在里尉。及于州長。其在州長。及于鄉師。其在鄉師。及于士師。三月一復。六月一計。十二月一著。凡上賢不過等。（謂上賢雖才用絶倫無得過其勞級）使能不兼官。罰有罪不獨及。（罪止有首從及黨與也）賞有功不專與。孟春之朝。君自聽朝。論爵賞。校官終五日。季冬之夕。君自聽朝。論罰罪刑殺。亦終五日。正月之朔。百吏在朝。君乃出令布憲于國。五鄉之師。五屬大夫。皆受憲于太史。大朝之日。五鄉之師。五屬大夫。皆身習憲于君前。太史既布憲。入籍于太府。（入籍者入取籍於太府也）憲籍分于君前。五鄉之師出朝。遂于鄉官。致于鄉屬。及于游宗。皆受憲。

（憲所以察時令，籍所以視功過）憲既布。乃反致令焉。（致令于君）然後敢就舍。憲未布。令未致。不敢就舍。就舍謂之留令。死罪不赦。五屬大夫皆以行車朝。出朝。不敢就舍。遂行至都之日。（五屬之都）遂於廟致屬吏。皆受憲。憲既布。乃發使者致令以布憲之日。蚤晏之時。憲既布。使者以發。然後敢就舍。憲未布。使者未發。不敢就舍。就舍謂之留令。罪死不赦。憲既布。有不行憲者謂之不從令。罪死不赦。考憲而有不合于太府之籍者。侈曰專制。不足曰虧令。罪死不赦。首憲（歲朝之憲）既

布然後可以布憲憲謂月朝之憲

右首憲（評）即五鄉内政之功令詳志齊語此首憲特其須令甲之科條罰格耳周道人之振鐸黨正之讀法蓋首憲所出也意當時與伯大政紀之國冊而私書止載其典要耶然而左氏不述國語則此一無頭凡例耳其文從周禮變来近古可為後代典志式

凡將舉事令必先出曰事將為其賞罰之數必先

明之。立事者謹守令以行賞罰計事致令。復賞罰之。所加有不合於令之所謂者雖有功利則謂之專制。罪死不赦。首事既布。然後可以舉事。

右首事 評 此六典志令甲之一條

修火憲。敬山澤。林藪積草。夫財之所出。以時禁發焉。使民於宮室之用。薪蒸之所積。虞師之事也。決水潦。通溝瀆。修障防。安水藏。使時水雖過度。無害于五穀。歲雖凶旱。有所粉扶門反穫。司空之事也。相高下。視肥墝。觀地宜。明詔期。前後農夫以時均修焉使五穀桑麻皆安其處，由田（通）由田，田畯之類之事也。行鄉里，視宮室，觀樹藝，簡六畜，以時鈞修焉，勸勉百姓，使力作毋偷，懷樂家室，重去鄉里，鄉師之事也。論百工，審時事，辨功苦，上完利，監壹五鄉，以時鈞修焉，使刻鏤文采，毋敢造于鄉，工師之事也。

右省官（評）此即後代官制職掌，盖原于周官

周禮

度爵而制服，量祿而用財，飲食有量，衣服有制，宮

室有度六畜人徒有數舟車陳器有禁修(通)器物式有等級則有限禁用有敝壞則有歲脩修字連上為句生則有軒冕服位穀祿田宅之分死則有棺槨絞衾壙壟之度雖有賢身貴體毋其爵不敢服其服雖有富家多資毋其祿不敢用其財天子服文有章而夫人不敢以燕以饗廟將軍大夫以朝官吏(通)朝官吏以上直承天子服文為句以命直冒至末命即令也此所謂服制以命士止于帶緣散民不敢服襍采百工商賈不得服長鬈求圓反

刵刑餘戮民不敢服絻。一本作絲不敢畜連乘車。

右服制。評此所謂耕度也。六後世令禁禮志儀曹主之。以上數條管子受任布憲之大者可作齊志當別為一篇記者以事議混入之耳一國之政也故事簡于周禮而法嚴焉

寢兵之說勝，則險阻不守。言事者競陳寢兵其說見用而得勝則武術不偃雖有險阻不能守矣兼愛之說勝，則士卒不戰。兼愛之說勝則除偃弱而行仁宋襄武而慕古也全生之說勝，則廉恥不立。全生之說勝則

王孫自奉千金何侯日食一萬（通）孔子求生害仁孟子舍生取義唯是以苟生為恥也故全生之說勝則廉恥不立曰奉千金食一萬是厚生者安得全之皆大富貴人私議自貴之說勝則上令不行羣徒比周之說勝則賢不肖不分金玉貨財之說勝則爵服下流觀樂玩好之說勝則姦民在上位觀樂玩好之說勝則費仲以奉奇異而居顯位董賢以柔曼而處朝謁也（通）私議自貴是禁處士羣徒比周是散朋黨金玉貨財是除鬻爵觀樂翫好是絕游變請謁任舉之說勝則繩墨不正諂諛飾過

之說勝則巧佞者用。

右九敗

期而致，使而往。百姓舍己以上為心者，教之所期也。始於不足見，終於不可及。一人服之，萬人從之。訓之所期也。謂君將行令，始獨發於心，故不足見；終則功成事遂，故不可及也。未之令而為，未之使而往。上不加勉而民自盡竭，俗之所期也。君既盡心於俗，所以能期於心也。好惡形於心，百姓化於下。罰未行而民畏恐，賞未加而民勸勉。誠信之所期也。君之好惡纔形於心，百姓已化於天下。為而無害，成而不議得而莫之能爭。天道之所期也。君能奉順天道所以能期於此為之而成。求之而得。上之所欲。小大必舉。事之所期也。令則行。禁則止。憲之所及。俗之所被。被合也謂俗與憲合如百體之從心。政之所期也。

右七觀

乘馬第五 立國 大數 陰陽 爵位 務市事 士農工商 聖人 失時 地里

經言五

評 乘馬只一篇文字前有冒中分段落末極論民分地制總為建國之制以國有萬乘千乘幾

百乘是曰國賦春秋謂之枚賦故標曰乘馬意

立國九數等後人分立之如河上八十一章非

著書之故

凡立國都非於太山之下必於廣川之上高毋近

旱而水用足下毋近水而溝防省因天材就地利

故城郭不必中規矩道路不必中準繩

右立國

無爲者帝爲而無以爲者王爲而不貴者霸不自

以爲所貴則君道也貴而不過度則臣道也

右大數

地者政之本也。政從地生朝者義之理也。義因朝起市者貨之準也。市所以準貨之輕重黃金者用之量也。諸侯之地千乘之國者器之制也。五者其理可知也。為之有道

地者政之本也。是故地可以正政也。地平可以正政地不平均和調則政不可正也。不均平和調則地利或幾於息故不可不正也政不正則事不可理也。(通)逵下為一叚陰陽摠是

地政春秋冬夏陰陽之推移也。夏秋推陽以生陰冬春推陰以生陽時之短長陰陽之利用也。必長短相摩然後成陰陽之用也日夜

之易陰陽之化也（晝熱夜寒交易其氣此陰陽之化也）然則陰陽正矣雖不正有餘不可損不足不可益也（假令時有盈縮不正則百六之運數當然也雖有堯湯之聖不能免之故不可損益也）天地莫之能損益也（天地亦準陰陽不可損益也）然則可以正政者地也故不可不正也正地者其實必正長亦正短亦正小亦正大亦正長短大小盡正正不正則官不理（謂天地之正不正官不可得理）官不理則事不治事不治則貨不多是故何以知貨之多也曰事治何以知事之治也曰貨多貨多事治則所求於天下者寡矣為之有道

右陰陽按此釋地者政之本也　評釋地者政本陰陽者

借天以影地似不可命曰陰陽

朝者義之理也是故爵位正而民不怨民不怨則不亂然後義可理理不正則不可以治而不可不理也故一國之人不可以皆貴皆貴則事不成而國不利也皆貴則無為事者故事不成也為事之不成國之不利也使無貴者則民不能自理也是故辨於爵列之尊卑則知先後之序貴賤之義矣為之有道

右爵位按此釋朝者義之理也

市者貨之準也是故百貨賤則百利不得謂不得過常之利也百利不得則百事治百事治則百用節矣是故事者生於慮謀慮則事生也成於務專務則事成也失於傲輕傲則失事也不慮則不生不務則不成不傲則不失故曰市者可以知治亂可以知多寡而不能為多寡為之有道演古之政務在獄市獄懲惡以勸善市抑末以務本故其道在貴五穀而賤百貨百貨準之於上則平而賤矯之於下則擅而貴治市者抑商之擅而通以利農也非以自利也故先王詘商以豐

道。按此釋黃金者用之量也

民後世奪商而自豐其為一所務為不同也

右務市事 按此釋市者貨之准也

黃金者用之量也。辨於黃金之理。則知侈儉。知侈儉則百用節矣。故儉則傷事。侈則傷貨。儉則金賤。金賤則事不成。故傷事。侈則金貴。金貴則貨賤。故傷貨。貨盡而後知不足。是不知量也。事已而後知貨之有餘。是不知節也。不知量。不知節。不可謂之有道。天下乘馬服牛。而任之輕重有制。有壹宿之行。一宿有定準則百宿可知也道之遠近有數矣。是知諸侯之

地○按此釋諸侯之地千乘之國器之制也

地千乘之國者所以知地之小大也所以知任之輕重也重而後損之是不知任也輕而後益之是不知器也不知任不知器不可謂之有道（評）下從地引入器制揔申千乘器制不可分截遠遠推開又合入古文之妙地之不可食者山之無木者百而當一涸澤百而當一地之無草木者百而當一樊棘雜處民不得入焉百而當一藪鎌纏得入焉九而當一蔓山其木可以為材可以為軸斤斧得入焉九而當一汎山其木可以為棺可以為車斤

◎

斧得入焉。十而當一。流水。網罟得入焉。五而當一。林。其木可以為棺。可以為車。斤斧得入焉。五而當一。澤。網罟得入焉。五而當一。命之曰地均。以實數

（評）管子每於地政文質陸離倍著精神伯者之本事也與强者之兵法相對然强兵蓋未有不本于富者也

方六里。命之曰暴。五暴命之曰部。五部命之曰聚。聚者有市。無市則民乏。五聚命之曰某鄉。四鄉命之曰方。官制也。官成而立邑。五家而伍。十家而連。五連而暴。五暴而長。命之曰某鄉。四鄉命

之曰都邑制也邑成而制事四聚為一離五離為一制五制為一田二田為一夫三夫為一家事制也事成而制器方六里為一乘之地也一乘者四馬也一馬其甲七其蔽五（蔽所以捍車馬）四乘其甲二十有八其蔽二十白徒三十人奉車兩器制也通此政詳用之量器之制以黃金一鎰百乘一宿為準以方六里一乘地起量以市貨正分合制相錯論敘此古文之妙末因以信士立朝連入義之理通論即四民已具故曰士農工商要以經制據因地

均立今起則故曰地者政之本也如此文字雜而整整而襍正而奇奇而正大將提兵左指右麾紛起互應揔歸一陣意即內政之軍略耶故謂定作一蕭方六里一乘之地也方一里九夫之田也黃金一鎰百乘一宿之盡也無金則用其絹季絹三十三（三等其下者曰季）制當一鎰無絹則用其布經暴布百兩當一鎰一鎰之金食百乘之一宿則所市之地六步一㪷（一本作一升）命之曰中歲有市無市則民不乏矣方六里名之曰社有邑焉名之曰央亦關

市之賦（命出關市之賦）黄金百鎰為一篋其貨一穀籠為十篋其商苟在市者三十人其正月十二月黄金一鎰命之曰正分春曰書比立夏曰月程秋曰大稽與民數得亡三歲修封五歲修界十歲更制經正也十仞見水不大潦（大潦一本作大續繼也預貯水也）

許 文簡

貴清異上而太古下而後世此當其極盛左氏富而鹽此奇而豔方駕也五尺見水不大旱十一仞見水輕征（征稅也）十分去二三（謂去十仞之二三）二則去三四（謂去十仞之三）四則去四（謂去十仞之四）五則去半比之於山

五尺見水。言平地五仞見水同於山五尺見水十分去一，四則去三，八尺曰仞分九仞則屈每分有二仞二尺去其三則餘有一丈八尺三則去二，二則去一，三尺而見水。比之於澤。劉績曰言地高則難澇故曰十仞見水不大澇地低則難旱故曰五尺見水不大旱當澇之時若亢地十一仞見水則常征十分中免二三分十二仞見水則免三四分十四仞見水則免四分十五仞見水則免五分以其極高難灌溉可以比於山也當旱之時若汙下地五尺見水則常征十分免四分四尺見水則免三分三尺見水則免二分二尺見水則免一分以其極低易灌溉可以比於澤也十分去一當作十分去四乃字之誤

距國門以外，窮四竟之內，丈夫二犂，童五尺一犂，

（通）二犂一犂應服牛以為三日之功。正月令農始

作服于公田農耕及雪釋耕始焉芸卒焉士聞見博學意察而不爲君臣者與功（通）公田之功而不與分焉此人學以爲君之臣也然以高尚其事而不爲若此者預食農收之功而不受力作之分也賈知賈之貴賤日至於市而不爲官賈者與功而不與分焉工治容貌功能日至於市而不爲官工者與功而不與分焉不可使而爲工則視貨離之實而出夫粟（評）儒者虛聲而不進仕工賈占業而逃官役此皆儌士游民亂法悖上不誠不信而不可訓也今與三日之功而不受一夫之食所

以罰之也不可使為工則惰民耳周禮無常業出夫家之征此夫粟也如此四民有分善託業而國殷強下云誠賈云云與此相應亦與國語内政略相表裏是故智者知之愚者不知不可以教民（教民必以有智者）巧者能之拙者不能不可以教民（教人為工必以巧者欲令愚智之人盡曉知之然後可以教人也）非一令而民服之也不可以為大善非夫人能之也不可以為大功是故非誠賈不得食于賈非誠工不得食于工非誠農不得食于農非信士不得立于朝是故官虛而莫

敢為之請君有珍車珍甲而莫之敢有君舉事臣不敢誣其所不能君知臣臣亦知君知己也故臣莫敢不竭力俱操其誠以來道曰均地分力使民知時也民乃知時日之蚤晏日月之不足飢寒之至于身也是故夜寢蚤起父子兄弟不忘其功為而不倦民不憚勞苦故不均之為惡也地利不可竭民力不可殫不告之以時而民不知不道之以事而民不為與之分貨則民知得正矣審其分則民盡力矣是故不使而父子兄弟不忘其功

(演)乘馬用量市貨合歸于經地制賦課農均力與里乘兵農合一之法都市本末通功之利犁然具在掌中所謂多多益善分數明也只在起本于一耳一里九夫之田政井田之制如此百乘千乘萬乘周家賦法之善管子元未嘗更變其曰內政不過申嚴蒐匹簡練服習之耳故一出而九合威天下夫子曰如仁如仁是豈與商君新法連坐開阡等戕偎不察而並舉曰管商不寃乎

右士農工商按此篇言均地立制定賦之法率民盡地力終之以人君出、之事末又言均地分力使民知時為下三節之綱謂之士農工商不知何説

聖人之所以為聖人者，善分民也。善令人知分故名為聖人聖人不能分民，則猶百姓也。於己不足，安得名聖不能令人知分則已尚不足何名為聖人是故有事則用，用謂人也（通）有事則用兵役也以地以乘賦之無事則歸之於民，謂令人退歸而居也。唯聖人為善託業於民，謂託人以成功業也民之生也，辟則愚，縱其淫辟則昏愚也閉則類，類善也閉其淫辟則自善上為一，下為二。下之效上必倍之也

右聖人按此釋上分力

時之處事精矣不可藏而舍也時至則為之不可藏而捨息也故

曰今日不為明日忘貨言不為則失時昔之日已往而不

來矣言日既往不還來也

右失時按此釋上使民知時

上地方八十里萬室之國一千室之都四中地方

百里萬室之國一千室之都四下地方百二十里

萬室之國一千室之都四以上地方八十里與下

地方百二十里通於中地方百里（評）此地里應在

地均經匹

右地里

按此釋上均地

管子榷卷第二

唐司空房　玄齡　註
明道民朱　長春　榷

七法第六　版法第七

七法第六　謂則象法化決塞心術計數

經言六

評　七法有段落似先秦實與先秦不同其言簡貴不湯不煩頗多造奇是注意之作可為文式後之分段着其文不知多許曼延矣而骨散神

弛氣懈政周末秦先病如此千年來文家反學其病不學其精沿江河之流而忘其源也悲哉文之壞坐此由韓蘇以來

言是而不能立言非而不能廢謂之是不能立人而用之謂之非不能廢其人而退之有功而不能賞有罪而不能誅若是而能治民者未之有也是必立非必廢有功必賞有罪必誅若是安治矣未也能此四者可以安治矣而猶未着則以未具下事故是何也曰形勢器械未具猶之不治也形勢器械具四者備治矣四者備謂立是廢非賞功誅罪不能治其民而

◎

能彊其兵者未之有也。能治民然後能彊兵能治其民矣而不明于為兵之數。猶之不可。雖能治民而欲彊兵必明於為兵之數然後可不能彊其兵而能必勝敵國者未之有也。能彊其兵而不明于勝敵國之理。猶之不勝也。雖能彊兵其欲勝敵國必須明審其理理之不明猶是不勝也兵不必勝敵國而能正天下者未之有也。兵必勝敵國矣。而不明正天下之分。猶之不可。故曰治民有器。為兵有數。勝敵國有理。正天下有分。器數理分即下之七法也則象法化決塞心術計數。此七法之目也（通）則象七法六承治民有器唯計數合治兵言為兵勝敵申在後兵數選陳而正天下畧具于中總一篇文字故曰以上是一冐頭根天地之氣寒暑之和水土之性人民鳥獸草木之生物雖不甚多皆均有焉而未嘗變也謂之則根元也生萬物者天地之元氣也義也名也時也似也類也比也狀也謂之象義者所以合宜也名者所以命事也時者名有所當也似類比狀謂立法者必有所做做不徒然也尺寸也繩墨也規矩也衡石也斗斛也角量也謂之法角亦器量之名凡此十二事皆立政者所以為法也漸也順也靡也久也服也習也謂之化漸謂草物當以漸也順也靡也謂物順數

而風靡也久也服也習也謂人習服教命之久予奪也。險易也。利害也。難易也。開閉也。殺生也。謂之決塞。凡此十二事皆為政者所以決斷而窒塞也（通）決通也十二事相反或通之或塞之凡以利民實也。誠也。厚也。施也。度也。恕也。謂之心術。凡此六者皆自心術生也剛柔也。輕重也。大小也。實虛也。遠近也。多少也。謂之計數。凡此十二事必計之以知其數也不明於則而欲出號令。明則然後可以出號令猶立朝夕於運均之上。擔竿而欲定其末。均陶者之輪也立朝夕所以正東西也今均既運則東西不可準也擔舉也夫欲定末者必先靜其本今既舉竿之本其末不定也（評）七枝數演之文

道之謂度太 手書左手不 能也

未免乎阤以七喻見奇不明於象而欲論材審用猶絕長以爲短續短以爲長〔鶴脛非所斷鳧脛非所續也〕不明於法而欲治民一衆猶左書而右息之〔息止也左手爲書右手從而止之則無時成書矣〕不明於化而欲變俗易教猶朝揉輪而夕欲乘車不明於決塞而欲敺衆移民猶使水逆流不明於心術而欲行令於人猶倍招而必拘之〔物有背叛而招之者必有以慰悅之令其感服今反拘留之則彼逾叛矣〕不明於計數而欲舉大事猶無舟檝而欲經於水險也故曰錯儀畫制不知則不可論材審用不知象不可

和民一衆。不知法不可。變俗易教。不知化不可。歐衆移民。不知決塞不可。布令必行。不知心術不可。舉事必成。不知計數不可。

右七法

百匿傷上威。百，百官也。言百官皆匿情為私，則上威傷。姦吏傷官法。姦民傷俗教。賊盜傷國衆。盜賊之人常欲損敗於物也。威傷則重在下。君威傷則臣反得尊重。法傷則貨上流。教傷則從令者不輯。衆傷則百姓不安其居。重在下則令不行。貨上流則官徒毀。官者既不以德進，但以貨成，故官徒毀徒事也。㊟官徒猶

生徒蓋言官屬從令者不輯則百事無功百姓不
安其居則輕民處而重民散（輕民謂為盜者用盜致富故處重民謂務
農者為盜破産故散）輕民處重民散則地不辟地不辟則六
畜不育六畜不育則國貧而用不足國貧而用不
足則兵弱而士不厲兵弱而士不厲（厲奮也）則戰不
勝而守不固戰不勝而守不固則國不安矣故曰
常令不審則百匿勝官爵不審則姦吏勝符籍不
審則姦民勝刑法不審則盜賊勝國之四經敗（通）
四經敗結上人君泄見危易揭趣下君不審則失

臣也。人君泄見危。謂常令官爵符籍刑法四者為政之經四者既敗則是君泄其事君泄其事則其位危矣人君泄則言實之士不進。言實之士不進。則國之情僞不竭于上。下皆隱實言虛則是國情不竭于上世主所貴者寶也。所親者戚也。所愛者民也。所重者爵祿也。亡君則不然。致所貴非寶也。致所親非戚也。致所愛非民也。致所重非爵祿也。故不爲重寶虧其命。故曰令貴於寶。重寶而舍命則當棄是令貴於寶不爲愛親危其社稷。故曰社稷戚於親。社稷者身之存亡故棄親而存社稷不爲愛人枉其法。故曰法愛於人。法者崇替所由故棄所愛而存其法。不為重祿爵分其威。故曰威重於爵祿。威者人君所以服海內必不得已寧散爵祿不可分威也不通此四者。則反於無有。不達於四者用非其國故曰反於無有故曰治人如治水潦。治水潦者必浚其隄防也養人如養六畜。養六畜者必致其閑皂堅其羈絆用人如用草木。用草木者時入山林輪轅不失其宜樵蘇各得其所居身論道行理。則群臣服教。百吏嚴斷。莫敢開私焉。君之於民其猶居身治之養之用之三者各得其宜論道而行理則無私不服也(通)居身所謂皇建其極正身以正朝廷也不屬上三者論功計勞。未嘗失法律也便辟左右大族尊貴大臣。不得增其功焉。疏遠卑賤隱不知之人。不忘其勞故有罪者不怨上。罪得其人故不怨愛賞者無貪心。賞不踰等故息其貪也則列陳之士皆輕其死而安難以要上事。賞罰不濫則立功要功之士知其不誣故競而為之本兵之極也。為兵之本其極要者在於明賞罰也

(通)強國必先課吏教士養而用之國強而後兵強故曰本兵之極管子以內政先軍政如此故首治而後兵由強治以強兵文議俱次第相承

右四傷百匿

為兵之數存乎聚財而財無敵。存謂專立意存之君無財士不來故

存意於聚財則彼國之財不能數也存乎論工而工無敵。工者所以造軍之器用者也存乎制器而器無敵。器謂兵器存乎選士而士無敵。存乎政禁而政教無敵。政教軍中號令存乎服習而服習無敵。服便也謂便習武藝存乎偏知天下而偏知天下無敵。偏知天下謂偏知其地形險易主將工拙士卒勇怯存乎明於機數。而明於機數無敵。機者發內而動外為近而成遠不疾而速不行而至見其為之不知其所以為有數存焉於其間故曰機數也故兵未出境而無敵者八。㊣通八無敵具為兵本末由外入內由粗入精軍志將畧大要已盡始於富國中於治兵卒於選將將不神知以士予敵士器不服練以財予敵財不蓄聚以兵將予敵是以欲正天下。財不蓋天下。不能正天下。財謂貨財不能蓋天下無以正天下也財蓋天下。而工不蓋天下不能正天下。二蓋天下。而器不蓋天下。不能正天下。財雖蓋天下而工與器不能蓋則無以正天下餘皆放此器蓋天下而士不蓋天下。不能正天下。士蓋天下而教不蓋天下。不能正天下。教蓋天下而習不蓋天下。不能正天下。習蓋天下而不徧知天下。不能正天下。徧知天下而不明於機數。不能正天下。故明於機數者用兵之勢也。（通）機數之明中權也韜鈐也唯君與將共之大明于時小明于計獨運密藏而人不敢窺故曰衡庫衡主運權庫主韜藏兵機也。大時小計不在功在于用兵之勢承上言大者時也。小者計也。王者征伐能立大功者在於合天時也至小者捷勝亦在人計謀也王道非廢也而天下莫敢窺者。王者之正也。大寶之位神器也古今所共傳非有變廢而天下莫敢窺竊者以王者當樂推之運應天人之正衡庫者天子之禮也。衡者所以平輕重庫者所以藏寶物不令外知者也言王者用心常當準平天下既知輕重審用於心無令長耳目者所得此則天子之禮然也是故器成卒選則士知勝矣。選謂蘭其精練偏知天下。審御機數。則獨行而無敵矣。所愛之國而獨利之。所惡之國而獨害之。則令行禁止。是以聖王貴之。貴謂貴兵勝一而服百。則天下畏之矣。立少而觀多。則天下懷之矣。立少謂與亡國雖少天下共觀之故曰觀多桓公救邢遷衛用此術也或曰觀當為勸罰有罪。賞有功。則天下從之矣。故聚天下之精財。論百工之銳器。春秋角試。以練精銳為右。右上也成器不課不用。不試不藏。兵器雖成未經課試則不用不藏收天下之豪傑。有天下之駿雄。故舉之如飛鳥。動之如雷電。發之如風雨。莫當其前，莫害其後。獨出獨入。莫敢禁圉。成功立業必順於禮義。故不禮不勝天下。不義不勝人。故賢知之君。必立於勝地。故正天下而莫之敢御也。

右爲兵之數

若夫曲制時舉。不失天時。制雖委曲順天而舉不失天時也 毋壙地利。（通）無壙土也下野不辟地無吏應或曰山陵水澤要塞軍旅恩險也 其數多少。其要必出於計數。壙空也天之所覆空地謂山河陂澤所以營作而興利者也必計數其多少之要然後度材而用之 故凡攻伐之爲道也。計必先定於內。然後兵出乎境。計未定於內。而兵出乎境。是則戰之自勝。攻之自毀也。自勝謂自勝於己其敗可知也是故張軍而不能戰。圍邑而不能攻。得地而不能實。三者見一焉。則可破毀也。故不明于敵人之政。不能加也。不明敵故未可加兵不明于敵人之情。不可約也。不明敵情未可約士約誓不明于敵人之將。不先軍也。不明于敵人之士。不先陳也。是故以衆擊寡。以治擊亂。以富擊貧。以能擊不能。以教卒練士擊毆衆白徒。白徒謂不練之卒無武藝故十戰十勝百戰百勝。故事無備。兵無主。則不蚤知。既無備無主故敵來攻不能先知之野不辟地無吏。則無蓄積。官無常。下怨上。而器械不功。功謂堅利朝無政。則賞罰不明。賞罰不明。則民幸生。徼倖以偷生也故蚤知敵人如獨行。蚤知敵人則有以備之敵人望風自退故曰獨行也㊣通入三軍如無人曰獨行有蓄積則久而不匱。器械功。則伐而不費。賞罰明。則人不幸。人不幸。則勇士勸之。故兵也者。審於地圖。謀十官。地圖謂敵國險易之形軍之部置十官必伍什則有長故曰十官又須謀得其人也曰量蓄積。齊勇士。徧知天下。審御機數。兵主之事也。故有風雨之行。故能不遠道里矣。行疾如風雨故不以道里為遠㊣評六藝造奇工於辭者與七法同體文平而巧行之風雨飛鳥等亦權家談介介有飛鳥之舉故能不險山河矣輕捷如飛鳥故不以山河為險有雷電之戰故能獨行而無敵矣雷電天之威怒故莫敢為敵有水旱之功故能攻國救邑謂其功可以為彼水旱有金城之守故能定宗廟育男女矣有一體之治故能出號令明憲法矣謂上下同心其猶一體風雨之行者速也飛鳥之舉者輕也雷電之戰者士不齊也懼雷電之威故彼士不齊水旱之功者野不收耕不獲也能令彼有水旱故不得使收穫也金城之守者用貨財

設耳目也。貨財所以養敢死之士耳目所以聽鄰國之動静令必知之一體之治者。去奇說禁雕俗也。奇說謂譎詐之言雕俗謂浮為之俗不遠道里。故能威絕域之民。不險山河。故能服恃固之國。獨行無敵。故令行而禁止。故攻國救邑。不恃權與之國。故所指必聽。雖有權與之國不顧而恃之權與謂權為親與也定宗廟。育男女。天下莫之能傷。然後可以有國。制儀法出號令。莫不嚮應。然後可以治民一衆矣。

右選陳

版法第七

選擇政要載之於版以為常法

經言七

【評】版法與訓簡邃精言也品貴與形勢相班又在乘馬之上與他篇體遠世亦遠晚周先秦著書經言多此體他近於傳矣乘馬叙事此立訓經志詞事故是兩局

凡將立事。立經國之事正彼天植。謂順天道以種植必令得其正風雨無違。君道不虧則風雨無違也遠近高下各得其嗣。高下猶多少也謂君之賦稅因其遠近之別以多少之差輕重合宜故可嗣之以常行嗣續也三經既飭。君乃有國。三經謂上天植風雨高下也是三者既以飭整故君可以有國也

【通】正植

法天無違法時得嗣法地統論政版大凡天其經
也地其紀也時其運也總而成制曰三經喜無以
賞怒無以殺〔通〕張憲建極無過福威賞刑勸之利
以誘善董之辟以華邪兩者帝王所不能外也此
所謂天植也風雨以神之遠近高下以宜之協其
宜民不疑神其權民自遷故總曰喜無以賞怒無
以殺殺賞之不正喜怒移之也植而不移道在国
国在國兩列而正君乃有國喜以賞怒以殺怒乃
起令乃廢驟令不行民心乃外有外叛之心也外之有徒

禍乃始牙。徒謂黨與也外叛者有黨與禍由是生故曰始牙衆之所忿置

不能圖。衆忿難犯故必置之誰能圖之（通）上任喜怒民怨而心外外結徒而背公禍乃牙徒與多而衆忿則不可圖矣故衆怒難犯

舉所羨必觀其所終。凡人之情靡不有初鮮克有終故須觀之

廢所惡必計其所窮。蜂蠆有毒故必計其所窮知困獸猶鬭其所終將何爲也（通）此論舉措然而能枉直馬廢之亦以愛之也故下云兼愛無遺順斂鄉風順斂鄉風則廢之所窮復帰于舉矣

慶勉敦敬以顯之。人有敦敬則慶勉以顯也

富祿有功以勸之。人之有功則富貴以勸之

爵貴有名以

休之。賢者有名則爵貴以休之兼愛無遺是謂君心。必先順教
㊀通即順命萬民鄉風。上之教敬有功名之士必爵祿順而與之所以教之急也
如此則民鄉風而從化旦暮利之。衆乃勝任。有功名之士既旦暮得利衆自
勸而勝任取人以己。成事以質。將欲取人必先審己才略能用彼不質謂準的
將欲成事必先立其準的事不違質然後為善審用財慎施報。察稱量。故
用財不可以嗇。用力不可以苦。用財嗇則費。嗇於用財
不以賞賜則立功之士懈怠散人來侵其費更多嗇慘用力苦則勞。民不足。
令。乃辱。民不足則令不行故辱也民苦殃。令不行。施報不得。禍
乃始昌。禍昌不寤。民乃自圖。謀為叛已正法直度。罪殺

不赦（夫正直之法，度罪殺有過，終不免赦。）殺僇必信，民畏而懼，武威既明，令不再行。頓卒怠倦以辱之，（頓卒猶困苦。其有怠倦不動，則困苦以辱。）罰罪宥過以懲之，殺僇犯禁以振之。植固不動，倚邪乃恐。（言執法必當，深植而固守，則不可動。移者乃須倚而邪，則法亂而身危，故可恐也。）倚革邪化，令往民移。（既能正倚化邪，歸於正直，如此化出令，纔往則民移。）

㊀通 持法在上，倚法在下，法用參差，民幸亡忌，故植不動而倚邪恐，邪革化而民乃移。

法天合德，（天之資始，無有私德。）象法無親，（地之資生，無所親私。）參於日月，（日月無私燿也。）佐於四時。（賞以春夏，刑以秋冬。）悅在施有，（將悅於下，在於施無令有。）衆在廢

公私將欲齊衆在於發弘召遠在修近修近則遠者至閉禍在除怨除怨則禍端塞修長在乎任賢任賢則國祚長高安在乎同利與下同利則高位安

管子權第二卷終

管子榷卷第三

唐司空房　玄齡　註

明道民朱　長春　榷

幼官第八　幼官圖第九　五輔第十

幼官第八

幼始也陳從始輔宮齊政之法

經言八

評　幼官文奇而語叢冗不可解者名數或別有闕文可解者于五方分係政典事權多駁于理未見其于時憲確有合也意撰者萃集附會不

護曰後中圖作夜虛守靜淮南子於夜行為誘註論陰行也晦行伏執有天下則夜字為是人物字疑衍

如月令遠矣　其叙法如九宫合變天下奇才

(評)五圖五方五令按德運行理攝本治身之精條為國之緒夏正之演呂攬之宗其原出于周易猶五帝来先後天奉若之道官正之本也其說要會于法天法道清靜因應故管子列于道家或有本論惜其節政配屬紛襍不大合耳

若因夜虛守靜人物人物則皇(演)夜虛守靜道之樞氣之初孔神中存則蕉生治形之本政與天一于半復初合一歲大候一月小候人物之氣員極

物亨皇天一言人君能虛虛中靜則必之人事盛大也

道○按行對藏而言謂行於身也下做此

苞元靜萬作後失守則剥得守則皇天一統五行之元子夜通一歲之候虛靜物皇時變道不變五方異而中夜一也言欲候氣聽聲以知吉凶必因夜虛之時守其安靜以聽候人物此時人物則皇暇故吉凶之本不妄五和（通）土寄于四季以一調四合為五和時節○土生數五土氣和則君順時節而布政君服黃色味甘味聽宮聲○此土王之時故服黃味甘聽宮也然土雖均三四季而正位在六月也治和氣○土主和故治和氣用五數飲於黃后之井○中央井也以倮獸（通）倮蟲人為長之火爨○倮獸謂淺毛之獸虎豹之屬藏溫濡○者藏謂包之在心君之所藏溫和濡緩所以助土氣行敺養○謂禽獸之屬能為苗

埴。按當理字為句

害者時齩逐之所以養嘉穀也㊀通藏內體行外用皆順時節宣之道也溫濡應土潤溽暑之候齩養致弊故納新之化內㳘土培其元膏外滌土助其育養五官各異獨齩養土與春同春天陽之生夏季地陰之生陽饒陰乏饒者養舒乏者養疾從其戚氣也埴氣修通。埴平也平土政則其氣修通凡物開靜形生理常至命凡土王之時所生之物但開通安靜則其形自生既循理之常則無殘盡於所賦之命也㊀通生合陰陽之理開靜動靜也動靜因時而形生自理五官皆然土位下為萬物之命復命曰常丹功以歸土

為還元尊賢授德則、帝。帝者之臣其實師也故尊賢授德則可為帝也身

仁行義服忠用信則王。服行審謀章禮選士利械則

霸。章明定生處死謹賢修伍則衆。生者安定之死者處置之斂葬其柩

信賞審罰爵材祿能則強。有材者爵之有能者祿之計凡付終

通 歲之成上計曰付終務本飭末則富。凡謂都數也付終謂

財日月既終付之後入明法審數立常備能則治。常謂五常也備能謂

才能之士備有之同異分官則安。同異之職分官而治通之以道畜

之以惠親之以仁養之以義報之以德結之以信

接之以禮。和之以樂。期之以事。攻之以官。攻治發之

以力威之以誠㊂通中央君位帝王霸等系之主術王鈇所謂皇建之極春秩禮夏定分秋辯數冬總凡四方時政各有所屬官司其令是幼官也幼初也初官立政一舉而上下得終。謂初會諸侯上下得終其禮自此至九舉說九合諸侯之所致再舉而民無不從。三舉而地辟散成。成謂諸侯自盟要不事於齊至三會則諸侯散其成而朝齊四舉而農佚粟十。四會之後徭役減省故農人佚樂而粟得十全五舉而務輕金九。五會之後兵戰既息事務轉輕而金得九分一以供官也六舉而絜知事變。絜圍度也七舉而外內為用。外謂諸侯八舉而勝行威立。九舉而帝事成形九會之後威行海內雖居侯伯帝王之事既以成形九本摶大人主之守也。自九本已下管子但舉其目或有數在於他篇但此書多從散逸無得而知然九本所以摶擊強大故人主守之八分有職卿相之守也。七官飾勝備威將軍之守也。六紀審察賢人之守也。五紀不解庶人之守也動而無不從靜而無不同。強動弱必從強靜弱必同 通 主上下不主強弱治亂之本三。卑尊之交四。富貧之終五。盛衰之紀六。安危之機七。強弱之應八。存亡之數九。通 詳按九本以下即反上九舉所云舉舉政也上下得終等政之序也首辨分次率

民然後足國則三四五是也國富而議政政明而
合內外兵强與固而戰勝于是帝形成矣故九秉
系君關存亡八分系卿相勝于朝廷也關强弱七
官飾備系將軍治內兵結外援關安危六紀系賢
人非賢才不足審絜事變帷幄謀臣司之得賢昌
失賢亡關盛衰五紀系庶人以上務輕農佚地辟
之守合散成故関治亂農食人関尊卑金關貧富
練之以散羣備署備備曹也凡上之諸數既已精練然後散之於衆使備曹署著其名以司之
凡數財署數數謂國用之數使財者署通凡計之凡也兩

署所人理則二政殺僇以聚財或因亡國或因滅家。莫不籍沒其財故曰殺僇以聚財也勸勉以選衆。（通）殺僇節其財之流勸勉開其人之塗不殺無以禁溢濫不勸無以督羣工使二分具本。使上之備署財署分知其事各具其名籍之本則財署知聚財備署知選衆發善必審於密執威必明於中。發善謂行賞執威謂行刑此居圖方中。此立時之政管氏別五其圖謂之方圖而土位居中春行冬政肅。肅寒也冬氣乘之故也行秋政雷。春陽秋陰陰乘陽故雷行夏政閹。春既陽夏又陽陽氣猥并故掩閉也十二地氣發。（通）氣十二日一代政因之春秋凡八冬夏凡七通一歲三百六十日春秋候平氣中冬夏候極氣終而始中氣常羸極氣常短戒春事。自此以下陰陽之數日辰之名于時國興政家殊俗此但齊獨行不及天下且經秦焚書或為煨燼無得而詳焉闕之以待能者十二小卯出耕十二天氣下賜與十二義氣至修門閭十二清明發禁十二始卯合男女十二中卯十二下卯三卯同事。謂三卯所用事同他皆倣此八舉時節。木成數八木氣舉君則順時節布政君服青色味酸味聽角聲。此木王之時故服青味酸聽角治燥氣。春多風而旱故治燥氣㊟通木潤金燥治燥治濕取順時火陽中陰水陰中陽治陽治陰取反時春秋刑德合氣之中也冬夏陰陽爭反而後中也。用八數。（八亦木成數也）飲於青后之井。（東方井）以羽獸之火爨。（羽獸南方朱鳥用南方之火故曰羽獸之火）藏不忍，行歐養，坦氣修通，凡物開靜，形生理。合內空周外。（春主仁故所藏者不忍之理合聚於內出空於外）㊀通藏行合時則氣平而脩通，故動靜形生得理，內空周外，春生氣內疏達外也。強國為圈。弱國為屬。（強國所以禁禦弱國弱國圈然也）㊀通春以陽剛用事，故強圈而弱屬。動而無不從，靜而無不同。（強動弱必從強靜弱必同）舉發以禮，時禮必得。（強國舉發必當以禮時也禮也必得其宜）和好不基，貴賤無司，事變

日至。〔鄭國和好不甚貴賤之位無同存如此事變日至無寧居甚漸〕此居於圖東

方方外。夏行春政風。〔春箕宿多風〕行冬政落〔寒氣肅殺故凋落也〕

重則雨雹。〔其災重則雨雹水寒所致〕行秋政水。〔秋畢宿多霖雨〕十二小

郢。至德十二絕氣下卞爵賞十二中郢賜與十二

中絕。收聚十二大暑至盡善。十二中暑十二小暑

終。（演）夏至生陰陰為小冬至生陽陽為大言暑終

小言寒終大陰陽之分也故與曆異暑先大入小

陰不得離陽也寒則言至不言小一生二二合即

一三暑同事七舉時節〔火成數七火氣舉君則順時節而布政〕君服

赤色味苦味。此大王之時故服赤味苦也聽羽聲。羽北方聲也火王之時不聽徵而聽羽者所以抑盛陽

（演）春秋之聲與月令合冬夏與月令反月令主聲幼官主聽聲以調樂順天地之正聽以養生反天地之極天地所以極而後生水火相救而已

治陽氣用七數。七亦火之成數飲於赤后之井。南方井也以毛獸之火爨。毛獸西方白虎用西方之火故曰毛獸之火藏。薄。純。盛陽之性失在奢縱故所藏者省薄純素也行。篤。厚。陽性寬和故行篤厚坦氣修通凡物開靜形生理。物形既生自然修理而長育定府官明名分而審責於羣臣有司則下不乘上賤不乘貴

法立數得而無比周之民則上尊而下卑遠近不乖此居於圖南方方外。㊣南方歲之中屬離其政主辨北方歲之周屬坎其政主總主布周則後始也秋行夏政葉盛陽氣乘之故卉木生葉行春政華少陽氣乘之故卉木更生華行冬政耗盛陰肅殺故虛耗十二期風至戒秋事十二小郢薄百爵十二白露下收聚十二復理賜與十二始節賦事十二始卯合男女十二中卯十二下卯三卯同事九和時節金成數九金氣和君則順時節而布政君服白色味辛味聽商聲此金王之時故服白味辛聽商治濕氣秋多

霖雨水故治濕用九數九亦金之成數飲於白后之井西方井以介
蟲之火爨介蟲北方玄武用北方之火故曰介蟲之火藏恭敬金性廉潔故所
藏者恭敬也行搏銳兑金性勁銳時方肅殺故曰以勁銳搏擊所以順殺氣也坦氣
修通凡物開靜形生理閒男女之畜男女之畜有內外之異故
須閒之修鄉閭之什伍殺氣方至可以出師征伐故修什伍量委積之
多寡定府官之計數養老弱而勿通老少異糧故其養勿通
信利周而無私申布秋利既令周遍無得有私毋居於圖西方方
外冬行秋政霧秋多陰霧行夏政雷盛陽乘盛陰故雷行春政
烝泄少陽乘陰故烝泄十二始寒盡刑十二小榆賜予十

◎

二中寒收聚十二中榆大收十二寒至靜十二大寒之陰十二大寒終三寒同事六行時節水成數六水氣行君則順時節而布政君服黑色味鹹味此水王之時故服黑味鹹聽徵聲不聽羽而聽徵者亦所以抑盛陰也治陰氣不治則盛陰太過太過則治陰氣也用六數六亦水之成數飲於黑后之井北方井也以鱗獸之火爨鱗獸東方青龍用東方之火曰鱗獸之火通爨養生故火皆用其生藏慈厚君人者好生惡殺故於刑殺之時藏於慈厚所以示其不忍也行薄純冬物樸素故行薄純省儉通冬夏藏行兩反陰陽之交也坦氣修通凡物開靜形生理器成於僇冬行刑之時故成僇器也教行於

鈔。鈔末也冬為四時之末歲之將終動靜不記。行止無量。記動靜則行止可量戒審四時以別息。息生也四時生物各有不同故須別之興。出。入。以。兩。易。出入既異又益令無差故曰兩易明。養。生。以。解。固。[illegible]謂護惜也生既須養則物不可惜故曰解固（通）通于復坎則知興出。入。解固之道。審。取。于。以。總。之。又恐所養過時故審取與之多少以總統之一會諸侯令曰。非玄帝之命毋有一日之師役。玄帝北方之帝齊桓初會命諸侯不使非時出師故令曰若非玄帝有命之時毋得有一日之師役一日尚不可況多乎（通）九會相次從叙北方歲終之政也月令飭國典来歲之宜故舉九令詳申之再會諸侯令曰。養孤

老食常疾。收孤寡。三會諸侯。令曰。田租百取五。百分取五分

評 百取五白圭二十一之説輕之于堯舜之道也當時何以脩內政億九合共同盟意虛言耶如曰筦責海輕重賦不藉于農又必設法以上為市則一國之小其厲甚于漢武之鹽鐵遠矣且諸不帶海之國何以令

市賦百取二。關賦百取一。毋乏耕織之器。四會諸侯。令曰。修道路。偕度量。一稱數。偕同也稱斤兩也數多少也藪澤以時禁發之。草木零落然後入山林獺祭魚然後修澤梁五會諸侯。令曰。修春秋冬夏之常祭食

常所祭常所食各有時物也天壤山川之故祀必以時。六會諸侯令曰以爾壤生物共玄官。玄官主禮天之官也請四輔四輔卽三公四輔也所以并祭行禮將以禮上帝。七會諸侯令曰官處四體而無禮者流之焉莿命。官處謂處官也處官位而四體無禮者謂之莿命而流放焉莿命者謂穢亂教命若莿之穢苗也八會諸侯令曰立四義而毋議者尚之于玄官。聽于三公。四義者謂無障谷無貯粟無易樹子無以妾為妻諸侯能順命而無異議者則尚之于天子玄官聽三公之錫命尚上也(通)冬時之終四義四時令之行合義也官四體亦是四官四岳九會諸侯令曰以爾封內之財物國之

趙○按謂大命諸侯出常來朝會之命命下文是

所有為幣（為幣禮）九會大命焉㊟以上申命以下習命受變等應出○常○至○（謂上九會既出大令故天下諸侯常至非此之外則朝聘之數遠近各有差也）千里之外○二千里之內○諸侯三年而朝○習命○（因朝而習教命）二年○三卿使四輔○（諸侯三卿使天子四輔以受節制也）一年○正月朔日令大夫來修受命三公○（習所受命於三公）二千里之外○三千里之內○諸侯五年而會至○習命○（因會而至以習命也）三年○名卿請事○二年○大夫通吉凶○十年○重適入○正○禮義○（重適謂承重也適諸侯之世子也）五年○大夫請受變○（請所變更之教令也）三千里之外諸侯世一至○（道路既遠故世一至）

置大夫以為廷安。其遠國大夫則為置廷館每來於此以安之（通）廷安塞上之官如漢都護取安邊廷也入共受命焉。入共國所有因以受命丨此居於圖北方方外。（通）上五圖治內政典也下五圖治外軍略也政以皇極為主兵以中權為鈐四方之政奉於帝德四部之將制于中行故圖中言神不及事圖外言事則有司存必得文威武官習勝之。善勝敵者必得文德之威武藝之官與之練習士卒則可以勝之務時因勝之。時是也務是因修不逆於理可以得勝也（通）時因因時列事下時分以時施舍終無方勝之。從始至終計幾出無方者勝

幾察也行義勝之。庶幾行義者可以勝理名實勝之。整理名實不謬
妄可以得勝急時分勝之。敢敵所得之物應受分者急分與之可以得勝 通 九
分予急時毋緩不必敵物事察伐勝之。伐功行賞之事必察
有功不令無功者妄受可以得勝行備具勝之。行師用兵必備其攻戰之具可以得
勝原無象勝之。奇計若神無象可原者勝本定獨威勝。用師之本定能
獨威者勝定計財勝。計謀財用先審定者勝定聞知勝。聞知敵謀能審定者
勝定選士勝。精選士卒能審定者勝定制祿勝。制祿與有功能審定者勝
定方用勝。異方所用各有不同能審定者勝定綸理勝。經綸之理能審定者
勝定死生勝。定成敗勝。定依奇勝。所依奇策能定審定者勝

實虛勝定盛衰勝 ㊣通其静如山為將先治心故皆定勝

舉機誠要則敵不量 發舉兵機誠得其要則敵不能量也

用利至誠則敵不校 用兵便利又能至誠則敵不敢校也

明名章實則士死節 明忠義之名章功勞之實士則死節不求苟生

奇舉發不意則士歡用 奇謀之舉發彼不意則士樂為用

交物貿易因方則罷械備 交貿之物因方之有則罷械備具

因能利備則求必得 因彼所能所利而以備之則所求必得

執務明本則士不偷 執所營之務明所為之本則士不苟且

備具無常無方應也 其所備具無有常者所以應敵無方

聽於鈔故能聞未極 鈔深遠也所聽在於深遠故能聞於極理 ㊣通聽於鈔以下皆

言將必兵機微乎神矣此在師律之上以無律用律也雖然可言不可言言非微矣況其神視於新故能見未形未形者新事將起所視者在新故見未形也思於濬故能知未始未始者事之深濬者所思在深故知未始發於驚故能至無量發舉可驚故敵不能量動於昌故能得其實舉動昌盛故敵懼而輸實也立於謀故能實不可故也其所建立皆用深謀故常堅實不復衰故器成數守則不遠道里器用完成數令堅守故欲往則至不憚道里之遠也號審數施則不險山河號令審悉教命施行則赴湯火而不顧豈險難於山河也博一純固則獨行而無敵德博而一行純而固則御我如時雨歡我如赦

蘭誰能敵之愼號審章則其攻不待。愼號令審旗章則攻者爭先登豈顧後而相待乎

㊀曠日持久兵老城下待也權與明必勝則慈者勇。權謀明略必能勝敵則慈仁者猶致勇奮況惡少哉器無方則愚者智。器用無方應卒必備則愚者習而成智況不愚乎攻不守則拙者巧。我攻既妙彼不能守則拙者習而成巧況不拙乎數也。數也當為句動愼十號。兵既數動必愼十號九章等此有數在他篇明審九章。飾習十器。善習五官。謹修三官。必設常進。計必先定。軍之主將既必有常軍之計謀亦須先定求天下之精材。精材可以為軍之器用者論百工之鋭器。器成角試否臧。收天下之豪傑。有天下之

稱材。稱材謂材稱其所用也說行若風雨，發如雷電，此居於圖方中。此中圖之副也。通中圖中軍也大將居之旗物尚青，木用事故尚青兵尚矛，象春物之芒銳刑則交寒害釱，其行刑戮則於初昰夜晝之交其時尚寒主春人不得已而行刑故離害而釱禁釱或為鍰器成不守器用既成則欲不能圖守也經不知，經法也用兵之法敵不能知也教習不著，我之教習敵不能著著猶明著發不意，其所舉發出敵不意經不知故莫之能圖，發不意故莫之能應，莫之能應故全勝而無害，莫之能害故必勝而無敵。四機不明，不過九日而游兵驚軍，四機即上不守不知不著不意也不障塞不審，不過八日而外賊得閒障塞者所以防守要路也由守不慎不過七日而內有讒謀由守所由而防守者詭禁不修不過六日而竊盜者起詭禁所以禁詭常也死亾不食不過四日而軍財在敵死亾者不享食鬼神必殺怨故軍財在敵（通）不恤死無以勸生者之死故不脩厲祀以恤財而軍亾財乃在敵此居於圖東方方外此東圖之副也（通）左肽右掖前矛後勁青龍白虎朱雀玄武兵法陣法不外于此左前主進取勝敵右後主厚集持守一陽節一陰節通于陰陽則知其所居矣旗物尚赤火用事故尚赤兵尚戟象夏物之森聳

刑則燒交疆郊。其用刑則於疆郊焚燒而交也必明其一。一謂號令不二必明其將，必明其政，必明其士。四者備則以治擊亂，以成擊敗。數戰則士疲，數勝則君驕，驕君使疲民則國危。至善不戰，用兵之善者其唯不戰乎其次一之。其次善者雖戰而號令一大勝者積衆。積衆然後可以大勝勝無非義者焉。積衆勝至焉為向可以為大勝所以勝皆大義故成大勝也大勝無不勝也。(適)無不勝一戎而有天下也故曰次一之此居於圖南方方外。此南圖之副也旗物尚白。金用事故尚白兵尚劍。象金性之利也刑則紹昧斷絕。其用刑則繼晝之昧斷絕而戮之也始乎無端，卒乎無窮。始乎無端，道也；卒乎無窮，德也。道不可量，德不可數。不可量，則衆强不能圖；不可數，則為詐不敢鄉。兩者備施，兩者謂道德也。動靜有功。畜之以道，養之以德。畜之以道，則民和；養之以德，則民合。和合故能習，習故能偕。偕謂同為事。偕習以悉，悉盡也。莫之能傷也。此居於圖西方方外。此西圖之副也。旗物尚黑，水用事故尚黑。兵尚脅，象時物之閉脅，或署之於脅，故曰脅脅。刑則游仰灌流，其用刑則游縱之所使仰藥死，而無乃投之於灌流。察數而知治，審器而識勝，明謀而適勝，通德而天下定。定宗廟。育男女。宗廟存則男女育也官四分則可以立威行德制法儀出號令。擇才授官四面分設至善之為兵也。非地是求也。罰人是君也。至善之兵不求其地所以君可罰人若桀紂之人比屋可誅也不仁之君毒人為人而罰其君非富天下也立義而加之以勝至威而實之以德守之而後修勝心焚海內。既獲敵人之國順而守之然後修其法制如此則强勝之心可以焚於海内民之所利立之所害除之。則民人從。立利除害則人從也立為六千里之侯則大人從。既九會之後天子加命立為侯伯而各三千里四方相距六千里大人謂天子三公四輔也使國君得其治則人君從會

折。按別本作緩急之事已有定計雖危其可危緩無所難也

國君謂天下同盟諸族請命於天地知氣和則生物從。謂郊祀天地神祇使之合德則四氣和可知故生物從之計緩急之事則危危而無難。緩急之事皆計定則二者之危無所難緩急之事皆有可危之理故曰危危明於器械之利則涉難而不變察於先後之理。則兵出而不困通於出入之度。則深入而不危審於動靜之務。則功得而無害著於取與之分。則得地而不執。謂不搖執慎於號令之官。則舉事而有功。此居於圖北方方外。此北圖之副也（通）兵法陰陽之義也陽節制人陰節自制制為不可勝而待人能勝故東南言決勝

西北言守勝合後合于中軍之後也與前矛兩翼異故言多善尾之務為中堅之輔

幼官圖第九

中方本圖　中方副圖　東方本圖　東方副圖　南方本圖　南方副圖

西方本圖　西方副圖　北方本圖　北方副圖

經言九

若因處虛守靜人物則皇。五和時節。君服黃色。味甘味。聽宮聲。治和氣。用五數。飲於黃后之井。以倮獸之火爨。藏溫濡。行敺養。坦氣修通。凡物開靜。形生理。常至命。尊賢授德。則帝。身仁行義。服忠用信則王。審謀章禮。選士利械。則霸。定生處死。謹賢修伍。則衆。信賞審罰爵材祿能。則強。計凢付終。務本飾末則富。明法審數。立常備能。則治。同異分官則安。通之以道。畜之以惠。親之以仁。養之以義。報之以德。結之以信。接之以禮。和之以樂。期之以事。攻之以言。發之以力。威之以誠。一舉而上下得終。再舉而民無不從。三舉而地辟散成。四舉而農佚粟十。五舉而務輕金九。六舉而絜知事變。七舉而內外為用。八舉而勝行威立。九舉而帝事成形。九本

摶大人主之守也八分有職卿相之守也十官飾
勝備威將軍之守也六紀審密賢人之守也五紀
不解庶人之守也動而無不從靜而無不同治亂
之本三卑尊之交四富貧之終五盛衰之紀六安
危之機七强弱之應八存亡之數九練之以散羣
傰署凡數財署殺僇以聚財勸勉以選衆使二分
具本發善必審於密執威必明於中此居圖方中

右中方本圖

必得文威武官習勝之務時因勝之終無方勝之

幾行義勝也理名實勝之急時分勝之事察伐勝
之行備具勝之原無象勝之本定獨威勝定計財
勝定知聞勝定選士勝定制祿勝定方用勝定綸
理勝定死生勝定成敗勝定依奇勝定實虛勝定
盛衰勝舉機誠要則敵不量用利至誠則敵不校
明名章實則士死節奇舉發不意則士歡用交物
因方則械器備因能利備則求必得執務明本則
士不偷備具無常無方應也聽於鈔故能聞無極
視於新故能見未形思於濬故能知未始發於驚

故能至無量動於昌故能得其實立於謀故能實不可故也器成教守則不遠道里號審教施則不險山河博一純固則獨行而無敵慎號審章則其攻不待權與明必勝則慈者勇器無方則愚者智攻不守則拙者巧數也動慎十號明審九章飾習十器善習五官謹修三官必設常主計必先定求天下之精材論百工之銳器器成角試否臧收天下之豪傑有天下之稱材說行若風雨發如雷電

此居於圖方中。

右中方副圖

春行冬政肅行秋政雷行夏政則閹十二地氣發戒春事十二小卯出耕十二天氣下賜與十二義氣至修門閭十二清明發禁十二始卯合男女十二中卯十二下卯三卯同事八舉時節君服青色味酸味聽角聲治燥氣用八數飲於青后之井以羽獸之火爨藏不忍行敺養坦氣修通凡物開靜形生理合內空周外強國為圈弱國為屬動而無不從靜而無不同舉發以禮時禮必得和好不基

貴賤無司。事變日至。此居於圖東方方外。

右東方本圖

旗物尚青。兵尚矛。刑則交寒。害鈇。器成不守。經不
知。教習不著。發不意。經不知。故莫之能圍。發不意
故莫之能應。莫之能應。故全勝而無害。莫之能圍。
故必勝而無敵。四機不明。不過九日而游兵驚軍
障塞不審。不過八日而外賊得間。由守不慎。不過
七日而內有讒謀。詭禁不修。不過六日而竊盜者
起。死亡不食。不過四日而軍財在敵。此居於圖東

方方外。

右東方副圖

夏行春政風。行冬政。落。重則雨雹。行秋政。水。十二小郢。至德。十二絕氣下。下爵賞。十二中郢賜與。十二中絕。收聚。十二大暑至盡善。十二中暑十二小暑終。三暑同事。七舉時節。君服赤色味苦味聽羽聲。治陽氣用七數。飲於赤后之井。以毛獸之火爨。藏薄純。行篤厚。坦氣修通。凡物開靜形生理。定府官明名分。而審責於羣臣有司則下不乘上賤不

乘貴。法立數得而無比周之民。則上尊而下卑遠
近不乖。此居於圖南方方外。

右南方本圖

旗物尚赤兵尚戟。刑則燒交疆郊。必明其一。必明
其將。必明其政。必明其士。四者備。則以治擊亂以
成擊敗。數戰則士疲。數勝則君驕。驕君使疲民。則
危國。至善不戰。其次一之。大勝者積衆勝而無非
義者焉。可以為大勝。大勝無不勝也。此居於圖南
方方外。

右南方副圖

秋行夏政葉行春政華行冬政耗十二期風至戒秋事十二小卯薄百爵十二白露下收聚十二復理賜予十二始前節第賦事十二始卯合男女十二中卯十二下卯三卯同事九和時節君服白色味辛味聽商聲治濕氣用九數飲於白后之井以介蟲之火爨藏恭敬行摶銳坦氣修通凡物開靜形生理閒男女之畜修鄉里之什伍量委積之多寡定府官之計數養老弱而勿通信利害而無私

此居於圖西方方外

右西方本圖

旗物尚白兵尚劍刑則紹昧斷絶始乎無端卒乎無窮始乎無端道也卒乎無窮德也道不可量德不可數不可量則衆强不能圖不可數則為詐不敢鄉兩者備施動静有功畜之以道養之以德畜之以道則民和養之以德則民合和合故能習習故能偕偕習以悉莫之能傷也此居於圖西方方外

右西方副圖

冬行秋政霧行夏政雷行春政烝泄十二始寒盡刑十二小榆賜予十二中寒收聚十二中榆大收十二寒至靜十二大寒之陰十二大寒終三寒同事六行時節君服黑色味鹹味聽徵聲治陰氣用六數飲於黑后之井以鱗獸之火爨藏慈厚行薄純垣氣修通凡物開靜形生理器成於僇教行於鈔動靜不記行止無量戒審四時以別息異出入以兩易明養生以解固畜取與以總之一會諸侯

令曰。非玄帝之命。毋有一日之師役。再會諸侯令曰。養孤老。食常疾。收孤寡。三會諸侯令曰。田租百取五。市賦百取二。關賦百取一。毋乏耕織之器。四會諸侯令曰。修道路。偕度量。一稱數。毋征藪澤。以時禁發之。五會諸侯令曰。修春秋冬夏之常祭。食天壤山川之故祀。必以時。六會諸侯令曰。以爾壤生物共玄官。請四輔。將以祀上帝。七會諸侯令曰。官處四體而無禮者。流之焉莠命。八會諸侯令曰。立四義而無議者。尚之于玄官。聽於三公。九會諸侯令曰以爾封內之財物國之所有爲幣九會大令焉出常至千里之外二千里之內諸侯三年而朝習命二年三卿使四輔一年正月朔日令大夫來修受命三公二千里之外三千里之內諸侯五年而會至習命三年名卿請事二年大夫通吉凶七年重適入正禮義五年大夫請變三千里之外諸侯世一至置大夫以爲廷安入共受命焉此居於圖北方方外

右北方本圖

旗物尚黑。兵尚脅肴。刑、則游仰灌流察數而知治。
審器而識勝。明謀而適勝。通德而天下定。定宗廟
育男女官四分則可以立威行德。制法儀出號令。
至善之為兵也。非地是求也。罰人是君也。立義而
加之以勝。至威而實之以德守之而後修勝心焚
海內。民之所利立之。所害除之。則民人從。立為六
千里之侯。則大人從。使國君得其治。則人君從會。
請命於天地。知氣和則生物從。計緩急之事。則危
危而無難。明於器械之利。則涉難而不變。察於。先

後之理。則兵出而不困。通於出入之度。則深入而不危。審於動靜之務。則功得而無害也。著於取與之分。則得地而不執。慎於號令之官。則舉事而有功。此居於圖北方方外。

右北方副圖

五輔第十

謂六興七體八經五務三度此五者可以輔弼國政也

外言一

【評】五輔脩條大幹廣川衍隰之文與權修是一家手小湯更靡先秦多如此此與荀子體亦相

類旨稍加刻飾徒以民知未知五蟤法如兒學語彌見優孟。大較外言以下贗咢過半其文麗雜即體之古近文之精踈義之瑜類居然可辨多著書者託為重言。或別有世本采入務借行以侈其富吾所信仲經言其他武成之策而已

古之聖王。所以取明名廣譽厚功大業顯於天下不忘於後世。非得人者未之嘗聞。不得於人而能使名譽顯當時功業流後世者則未嘗聞暴王之所以失國家危社稷覆宗廟。

滅於天下。非失人者未之嘗聞。不失於人而能使失國覆宗者亦未嘗聞今有土之君，皆處欲安，動欲威，戰欲勝，守欲固，大者欲王天下，小者欲霸諸侯。言諸侯欲大利則王天下欲小利則霸諸侯也而不務得人，是以小者兵挫而地削，大者身死而國亡。既不務得人故必致禍小則地削大則國亡故曰：人不可不務也。當務得之於人此天下之極也。曰：然則得人之道莫如利之。利之之道，莫如教之以政。故善為政者，田疇墾而國邑實，朝廷閒而官府治，公法行而私曲止，倉廩實而囹圄空，賢人進而姦民退。其君子上中正而下諂諛。其士民貴武勇而賤得利。賤苟得之利也其庶人好耕農而惡飲食。惡費用之飲食於是財用足。好耕農故財用足而飲食薪菜饒。省費用則薪菜饒是故上必寬裕而有解舍。解放也舍免也下必聽從而不疾怨。上下和同而有禮義。故處安而動威。戰勝而守固。是以一戰而正諸侯。不能為政者。田疇荒而國邑虛。朝廷兇小人競進故兇而官府亂。小人用法故亂公法廢而私曲行。倉廩虛而囹圄實。賢人退而姦民進。其君子上諂諛而下中正。其士民貴得利而賤武勇。其庶人好飲食而惡耕農於是財用匱而食飲薪菜乏上彌殘苟居上位者小人故殘賊苟且而無解舍下愈覆鷙伏匿悖戾而不聽從覆察也鷙疑也上既賊苟而不舍故下伺察而懷疑鷙動吏反上下交引而不和同上引下以供御下引上以恩覆二俱不得故不和同也故處不安而動不威戰不勝而守不固是以小者兵挫而地削大者身死而國亡故以此觀之則政不可不慎也德有六興義有七體禮有八經法有五務權有三度所謂六興者何曰辟田疇利壇宅壇堂基修樹藝勸士民勉稼穡修牆屋此謂厚其生上六者可以厚養其

生也發伏利。利人之事積久隱伏者發而用之輸墆積。墆貯積也修道途。便關市。謂所置關市皆令要便也慎將宿。將送貨財必慎止宿此謂輸之以財。上五者皆生財之術故曰輸財所以納財於民導水潦。利陂溝。決潘渚。潘溢也渚潘溢者跡決之令通潘音翻潰泥滯。泥塗為滯者亦潰決之令通也通鬱閉。鬱閉亦謂川瀆有過塞者慎津梁。此謂遺之以利。上之六者所以遺利於民薄徵斂。輕征賦。弛刑罰。赦罪戾。宥小過。此謂寬其政。上之五者所以寬裕其政養長老。慈幼孤。恤鰥寡。問疾病。弔禍喪。此謂匡其急。上之五者所以救民之急衣凍寒。食飢渴。匡貧窶。賑罷露。疾僨裸露者有以振救之資乏絶。此謂賑其窮。上之五者，所以賑民之窮之。凡此六者，德之興也。六者既布，則民之所欲無不得矣。夫民必得其所欲，然後聽上；聽上，然後政可善為也。故曰：德不可不興也。曰：民知德矣，而未知義，然後明行以導之義。行即七義。義有七體。七體者何？曰：孝悌慈惠，以養親戚；恭敬忠信，以事君上；中正比宜，以行禮節；比，合也。行既中正而又合宜也。整齊撙詘，以辟刑僇；撙，節也。言自撙節而卑屈也。纖嗇省用，以備飢饉；纖，細也。嗇，慊也。既細又慊，故財用省也。敦懞純固，以備禍亂；懞，厚也，音莫紅反。和協輯睦，以備寇戎。凡此七者，義之體也。

夫民必知義然後中正，中正然後和調，和調乃能處安，處安然後動威，動威乃可以戰勝而守固。故曰義不可不行也。民知義矣，而未知禮，然後飾八經以導之禮。所謂八經者何？曰上下有義，貴賤有分，長幼有等，貧富有度。凡此八者，禮之經也。故上下無義則亂，貴賤無分則爭，長幼無等則倍，（倍，乖戾也。）貧富無度則失。（失其節制。）上下亂，貴賤爭，長幼倍，貧富失，而國不亂者，未之嘗聞也。是故聖王飾此八禮以導其民，八者各得其義，則為人君者中正而

無私爲人臣者忠信而不黨爲人父者慈惠以教
爲人子者孝悌以肅爲人兄者寬裕以誨爲人弟
者比順以敬和比爲人夫者敦懞以固爲人妻者勸
勉以貞夫然則下不倍上臣不殺君賤不踰貴少
不陵長遠不間親新不間舊小不加大淫不破義
凡此八者禮之經也夫人必知禮然後恭敬恭敬
然後尊讓尊讓然後少長貴賤不相踰越少長貴
賤不相踰越故亂不生而患不作故曰禮不可不
謹也曰民知禮矣而未知務然後布法以任力任

力有五務。五務者何。曰君擇臣而任官。大夫任官辯事。（辯明也。能明所任之事也。）官長任事守職。士修身功材。（材謂藝能。士既修身，必於藝能有功也。）庶人耕農樹藝。君擇臣而任官，則事不煩亂。大夫任官辯事，則舉措時。官長任事守職，則動作和。士修身功材，則賢良發。庶人耕農樹藝，則財用足。故曰凡此五者力之務也。夫民必知務，然後心一。心一，然後意專。心一而意專，然後功足觀也。故曰力不可不務也。曰民知務矣，而未知權，然後考三度以動之。所謂三度者何。曰上度之天祥下度之地宜中度之人順此所謂三度故曰天時不祥則有水旱地道不宜則有飢饉人道不順則有禍亂此三者之來也政召之曰審時以舉事時則天祥地宜人順之時也得其時則事可成以事動民事成則民可動以民動國民昌則國可動以國動天下國强則天下可動也天下動然後功名可成也故民必知權然後舉錯得權謂能知三度舉錯得則民和輯民和輯則功名立矣故曰權不可不度也故曰五經既布然後逐姦民詰詐偽屏讒慝而毋聽淫辭毋作淫巧若民有淫行邪性樹

為淫辭作為淫巧以上諂君上而下惑百姓移國動衆以害民務者其刑死流大罪死小罪流故曰凡人君之所以内失百姓外失諸侯兵挫而地削名卑而國虧社稷滅覆身體危殆非生於諂淫者未之嘗聞也何以知其然也曰淫聲諂耳淫觀諂目耳目之所好諂心心之所好傷民民傷而身不危者未之嘗聞也曰實壙虚墾田疇修牆屋則國家富節飲食撙衣服則財用足舉賢良務功勞布德惠則賢人進逐姦人詰詐偽去讒慝則姦人止修飢饉

救災害賜罷露則國家定明王之務在於强本事去無用然後民可使富本事謂農桑也無用謂末作也論賢人用有能而民可使治薄稅斂無苟於民謂無苟取於民待以忠愛而民可使親三者霸王之事也事有本而仁義其要也今工以巧矣而民不足以備用者其悅在玩好君悅玩好則民務末作故備用不足農以勞矣而天下飢者其悅在珍怪方丈陳於前方丈陳前則役用廣故農勞而不免於飢女以巧矣而天下寒者其悅在文繡君悅文繡則女工傷成天下寒是故博帶梨梨博帶以就狭也梨割也大袂列列大袂以從小文繡染

染文繡為絲色刻鏤削削刻鏤為純素雕琢采采雕琢為純繢關幾而不征幾察也但使察非常而不征賦也市鄽而不稅鄽市中置物處但籍知其數不免斂古之良工不勞其知巧以為玩好是故無用之物守法者不㕣或為無用物守法者必得而誅之不使漏失也

管子榷卷第四

唐司空房　玄齡　註

明道民朱　長春　榷

　　宙合第十一　樞言第十二

宙合第十一

古往今來曰宙也所陳之道既通往古又合來今無不苞羅也

外言二

（評）先立綱為經後解作傳結體奇造語更奇有意故為之如漢武通天望仙金莖栢梁窮奇材極巧工望之雲搆天成要終與三山五城自別

乃南華深遠矣僊哉此營營耶幻幻耶人耶鬼
耶○上春秋下秦漢絶不見此文字奇觀古物
左操五音右執五味[第一舉目]懷繩與准鉤多備規軸
減溜大成是唯時德之節[第二舉目]春秉生秋采蔵夏
處陰冬處陽[第三舉目]大賢之德長第三目止此明乃
括哲乃明奮乃苓明哲乃大行[第四舉目]毒而無怒怨
而無言欲而無謀[第五舉目]大揆度儀若覺卧若晦明
若教之在堯也[第六舉目]毋訪于佞毋蓄于諂毋育于
凶毋監于讒不正廣其荒[第六舉目]不用其區區鳥飛

補○十一舉目當在人不一事下

補○十二舉目當在剸擊下

准繩○第八舉目 譭火縣反 充末衡易政利民第九舉目 毋犯其凶○毋遡其求而遠其憂高為其居危顛莫之救第十舉目 可淺可深○可浮可沈○可曲可直○可言可默第十一舉目 天不一時○地不一利○人不一事○可正而視定而履深而迹○第十二舉目 夫天地一險一易若鼓之有摶○宅耕反 摘丁歷反 擋丁用反 剸擊天地○萬物之橐○宙合有橐天地○第十三舉目 左操五音右執五味○此言君臣之分也○左陽君道右陰臣道故曰君臣之分也 (通)天秉陽積氣地秉陰積形五音主氣屬陽五味出形屬陰君天道也臣

地道也君出令佚。故立于左。君但出令故曰佚凡右為用事故左佚而右勞臣任力勞故立于右。臣則任力故曰勞夫五音不同聲而能調。此言君之所出令無妄也。五音雖有不同樂師盡能調之齊百度雖各有別君則盡能裁之故所出無妄而無所不順順而令行政成。君出令皆順奉之則政成五味不同物而能和。此言臣之所任力無妄也。五味宰夫能和之百職臣守任之而無妄也而無所不得得而力務財多。臣能任職得宜務而財必多也故君出令正其國而無齊其欲。民欲既與常隨其欲而教之也一其愛而無獨與是。王臣其愛宜一率土周之無所獨與則是愛不一毋獨與是也王施而無私則海

内來賓矣臣任力同其忠而無爭其利不失其事
而無有其名分敬而無妒則夫婦和勉矣（演）甚哉
名利之熏人毒也熏不其有而欲有有不其爭而
必爭爭不其妒而入妒至妒而黨樹戎與兵鬬于
朝堂而禍流于國矣向之任力忠事未嘗不始于
善而歸之大不善也竟亦何有哉後世無能臣以
妒臣唐虞無妒臣故盡能臣善乎曰夫婦和勉魚
貫螽斯之賢士也而女不若乎同心在臭視國如
家吾且樊姬乃能為傅說故曰五味不同物而能

和君失音則風律必流。流謂蕩散流則亂敗臣離味則百姓不養。臣離味百職曠故百姓不養也㊟語至風流生養始於君臣有當於音味有辨文家奇而合于正用此此經緯之法百姓不養則衆散亡君臣各能其分則國寧矣。故名之曰不德。㊞上德不德君臣音味凡以調天下吾何有焉故曰無獨與無無私無爭無有不德也不德有德有德德幾何矣天下之患禍君臣之敗皆出于自德懷繩與准鉤多備規軸減溜大成是唯時德之節夫繩扶撥以為正准壞險以

為平。准必壞舊高峻而後以為平也鉤入枉而出直。工人用鉤則就枉取直也

此言聖君賢佐之制舉也。言制以舉賢之法用鉤也博而不失

因以備能而無遺。所舉既博則枉直咸盡故無所失雖雞鳴狗盜無所不取皆有所長故能備之

㊀通制舉總承即下章道明法民與善也與

善則撥為正險為平枉出直于是博不失而能無

遺矣是以禹立三年天下盡仁國猶是國也民猶

是民也。桀紂以亂亡。湯武以治昌。湯之國人亦桀之國人武之國人亦紂之國人桀紂以之亡亂之故也湯武以之昌治之故也

章道以教明法以

期民之興善也如此湯武之功是也。湯武之昌教化明也人之

興善亦章明也多備規軸者成軸也。規者正圓器軸者轉規大小悉須備故多備方主嚴剛圓主柔和今用規者欲施恩引物也通成軸猶成憲備成法以善理如脩成器以裕用減淊大成環畢備得取禽待於此故曰物至而對形曲均存矣其要筦於時德合符夫成軸之多也其處大也不究其入小也不塞。究窮也大軸用大處小用小處因物施宜故有大小也猶迹求履之憲也。迹者履之所出善者恩之所生憲法也擬迹而求履法履法可得施恩而求善心善心可生也夫焉有不適善。以恩驅善故無不適也適善備也僊也是以無乏。僊輕順貌既皆遵善能備以恩為善者輕順人君善既備順何所乏求則求者無不

善也
(通)僊者人之遷化也既備周而遷化常而變變
而通通而復常奚乏故諭教者取辟焉
辟法也取為規矩也
天淯陽無計量地化生無法崖
淯古育字天以陽氣育生萬物物生
不可計量地以陰氣化萬物物之生化無有崖畔君之息法天地之廣厚也
所謂是而
無非非而無是
亦既行息又須順物當順而是之不得有非當順而非之不得有是也
是非有必交來苟信是以有不可先規之
是非既有
必使二者俱來得以驗之是既信之有矣非則不可掩故先以息義令息改也
必有不可
識慮之然將卒而不戒
不可識謂其非謀隱伏意在不測或苞藏禍心故必
有以防慮之如其事將終即必當陰備待之不可告戒於彼也
(通)是非先定交而

必信此規軸之憲適而備也如有不先規必有不識憲猶無軸而駕于途不戒而行行必躓必覆矣故曰將卒而不戒故無規不可以謩士無備不足以應卒至于應卒而備也僊也無乏矣故聖人博聞多見畜道以待物以道待物物無不容也物至而對形曲均存矣對配也物至矣以多少之息配大小之減形如此則均平皆在於息而無遺失也減盡也溜發也言徧環畢莫不備得故曰減溜大成減溜盡發君既均施以恩故物盡發於善亦既盡善君教不偏減順圜圜之周無不備得也通曰成軸曰迹憲曰適善曰諭教曰濟化曰備得善

哉王政之敬敷乎良帥不良直使枉直治道固民之準繩未有越焉者故曰聖君賢佐之制舉也一條通屬與教成功之術必有巨獲巨大也功大成大獲必開於德審於時時德之遇事之會也若合符然故曰是唯時德之節德既周時又審二者遇會若合符契則何功而不成也春采生秋采蓏夏處陰冬處陽此言聖人之動靜開闔詘信浧弋浧反儒取與之必因於時也（評）以下文采瑰奇陸離春秋之質古戰國之標會合體雜流稷下來希見此文字時則動不時則靜是以古之士

有意而未可陽也故愁其治言含愁而藏之也有意
濟世時亂方殷未可明論故曰理代之言陰愁而藏之賢人之處亂世也知
道之不可行則沈抑以辟罰靜默以俟免俟取也辟
之也猶夏之就清七性反冬之就溫焉可以無及於
寒暑之菑矣夏不就清冬不就溫更以寒暑致災終無益也喻賢者不避亂世更招刑
讒何榮之可得哉非為畏死而不忠也賢人之避亂世豈畏死而不忠哉但
以無益而徒死也夫強言以為僇而功澤不加時非所言必致刑僇
既刑僇矣何功澤之加哉進傷為人君嚴之義臣進而遇傷人君因此益加其
嚴酷也㊣通君殺諫臣則嚴過臣死諫則害生上下傷

不利彌甚退害為人臣者之生。退而不遇害而、臣因此轉更偷生也

其為不利彌甚。不避亂世而遇害則君益其敢嚴酷臣亦偷生不利彌甚也

退身不舍端修業不息版。版牘也通隱居獨善好學

不勸以待清明。賢者雖復退身終不舍其端操不息修業亦不息其版藉所以俟亂世清明候風雲以舉翼也故微子不與於紂之難而封於宋以

為殷主先祖不滅後世不絕故曰大賢之德長。可久可大則賢人之德業明乃哲哲乃明奮乃苓明哲乃大行此

言攄美主盛自奮也。以琅湯琅音浪湯音陽凌轢人。人之

敗也常自此是故聖人著之簡策傳以告後進曰

奮盛苓落也盛而不落者未之有也故有道者不

平其稱不滿其量不依其樂不致其度有道者則湯武也所

以不平稱滿量依樂致度者所以晦其明爵尊則肅士祿豊則務施功

大而不伐業明而不矜夫名實之相怨久矣是故

絕而無交有名有實必為人怨其來久所以絕四鄰之好杜賓客之交惡其名實之聞也

惠者知其不可兩守乃取一焉故安而無憂名實不可

兩守故但存其一怨從此而息所以安然而無憂也演名者實之賓也賓主

內外不相能故貪狥財烈狥名從其相為則不相

怨相怨則絕相交如晝之與夜寒之與暑陰之與

陽執得而兩守之哉兩守之計生于大奸雄偽君子欲用其惠知欺天下以攘兩利而不自知大盜之久為邏者迹也以惠而成不惠者也自謂榮辱及之自謂巧拙失之自謂安危蹈之唯大惠能取一唯取一能安無憂毒而無怒此言止忿速濟沒法也毒者陰為賊害從而怒之彼知其所以行毒怨恨續赴其行毒之法沒而不用今不為怒者所以止此忿速濟斷沒法也通怨毒于人甚矣哉舉世沒而不出匿交亦沒也唯無怒一言為大海津梁津梁濟沒法也怨而無言言不可不慎也言不周密反傷

其身言怨怒但可藏之在心不言之口以泄其恨陰懷他計反被傷身也故曰欲而
無謀言謀不可以泄謀泄菑極既欲其事方始圖之無使謀泄泄謀
災必至故同災極夫行忿速遂沒法賊發言輕謀泄菑必
及於身故曰毒而無怒怨而無言欲而無謀大揆
度儀若覺臥若晦明言人君材質雖不慧但大揆度儀法有疑則問之賢若覺
而卧若從晦而視明可以成大也言淵色以自詰也靜默以審慮
依賢可用也君有所未晤當淵寂其色以自窮詰靜默其神以審思慮有所不晤依賢
以問之故其為可用也仁良既明通於可不利害之理循發
蒙也問於仁良其事既明見利害之理則通晤循而用之其蒙自發明也故曰若覺

臥若晦明若敖之在堯也敖堯子丹朱慢而不恭故曰敖敖在堯時雖凡下材但以聖人在上賢人在下位勤而履規矩守自禮法竟以敗邪為明故賓虞朝讓德舉后書曰無若丹朱敖毋訪于佞言毋用佞人也用佞人則私多行毋蓄于諂言毋聽諂聽諂則欺上毋育于凶言毋使暴使暴則傷民毋監于讒言毋聽讒聽讒則失士夫行私欺上傷民失士此四者用所以害君義失正也夫為君上者既失其義正其而倚以為名譽為臣者不忠而邪以趨爵祿亂俗敗世以偷安懷樂雖廣其威可損也故曰不正廣其荒是以古

之人阻其路塞其遂守而物修故著之簡策傳以告後世人曰其為怨也深是以威盡焉不用其區區者虛也人而無良焉故曰虛也凡堅解而不動陼堤而不行其於時必失失則廢而不濟失植之正而不謬不可賢也植而無能不可善也所賢美於聖人者以其與變隨化也淵泉而不盡微約而流施是以德之流潤澤均加于萬物故曰聖人參于天地鳥飛准繩此言大人之義也（鳥飛准繩曲以為直大人之義權而合道）夫鳥之飛也必還山集谷不還山則困不

集谷則死。山與谷之處也，不必正直，而還山集谷，曲則曲矣，而名繩焉。以為鳥起于北，意南而至于南；起于南，意北而至于北。苟大意得，不以小缺為傷。鳥意將集南北，亦隨山谷而曲飛，苟遂南北之大意，不以曲飛小缺為傷。聖人行權亦猶是也。苟得合義之大致，不以反經小過而為傷也。通唯盧不自良，乃鳥飛而準繩。故聖人美而著之。美飛鳥之事，著之蘭筴也。曰千里之路，不可扶以繩。繩直千里，路必窮也。萬家之都，不可平以準。卒准萬家居，必塞也。言大人之行，不必以先帝，常義立之謂賢。守常違變，道必躓也。故為上者之論其下也，議欲理也。不可以失

此術也（此術權道謾遠也。謾，火縣反。）充言心也。心欲忠。末衡言

耳目也。耳目欲端。中正者治之本也。耳司聽，聽必

順聞，聞審謂之聰。（耳之所聞既順且審，故謂之聰。）目司視，視必順

見，見察謂之明。（目之所視曰明。）心司慮，慮必順言，言得謂

之知。（心之所慮既順且得，故謂之智。）聰明以知則博，博而不惛，所

以易治也政也。（聰也明也智也三者既博，故事無過舉，乃得中，可制禮作樂，易先台。）

（政）政易民利，利乃勸，勸則告。（民既勸，然故可以禮樂告之。）聽不

順，不審不聽，不審不聽則[illegible]

明則過，慮不得不知，不得不知則[illegible]

憂憂則所以伎苛。通謬過昏憂焦思慮煩聰明而
不恢則才技反妄為虐曰伎苛伎苛所以險政政
險民害害乃怨怨則凶。故曰讒充末衡言易政利
民也毋犯其凶言中正以蓄慎也毋邇其求言上
之敗常貪於金玉馬女而吝愛於粟米貨財也厚
藉歛于百姓則萬民懟怨遠其憂言上之亾其國
也常邇其樂立優美而外淫于馳騁田獵內縱于
美色淫聲下乃解怠惰失百吏皆失其端則煩亂
以亾其國家矣高為其居危顛莫之救此言尊高

滿大而好矜人以麗主盛處賢而自予雄也言君主豪盛處已以賢自許以為英雄予許也故盛必失而雄必敗夫上既主盛處賢以操士民國家煩亂萬民心怨此其必亾也猶自萬仞之山播而入深淵其死而不振也必故曰毋邇其求而遠其憂高為其居危顛莫之救也可淺可深可沈可浮可曲可直可言可默此言指意要功之謂也凡此淺深曲直諸事皆可詳之言之指意要必得此然可以成功天不一時春夏秋冬各有其時地不一利五土十地各有其利人不一事士農工商各有其事是以著業不得不多人之名位不

得不殊天時地利猶有不一況於人之所著事業及其名位豈得不多而殊乎方明者察于事故不官也官主于物而旁通于道。方謂法術言法術通明之士察於天地知不可專一故云不主一物功用無方旁通於道也道也者通乎無上。詳乎無窮。運乎諸生。諸物由道而生是故辯于一言。察于一治。攻于一事者。可以曲說而不可以廣舉。言寡能之人但辯一言察一理攻一事如此者唯可以示一曲之說未足以廣苞也聖人由此知言之不可兼也。故博為之治而計其意。知一言不可兼舉言故博為理衆言而後計度所言之意以告喻之也知事之不可兼也。故名為之說而況其功。又知一事不足以兼衆事故每事皆立名而為

（之說又恐未明其功故比況而曉告之）歲有春秋冬夏。月有上下中旬。日有朝暮，夜有昏晨半星。（星半隱半見也）辰序各有其司。（通）月令旦中昏中曰昏辰半星辰序各司是星紀十二司十二月也。故曰天不一時。（此以上各舉天時不一半）（晨辰序言其星辰晝隱夜出常見半至於次序有司以為法也）山陵岑巖淵泉閎流泉踰瀷而不盡（瀷湊漏之流也）薄承瀷而不滿。（評）此時輙有賦語其騷人後之筆耶（泉逾而前瀷隨而後欲其流不盡至溪谷小既傍薄隨至而泄跐承瀷而常不滿之流也）高下肥磽物有所宜。故曰地不一利。（此以上略言地利不一也）鄉有俗，國有法，食飲不同味衣服異采世用器械規矩繩准稱量數度品有所成故曰人不一事此以上舉人之事不一也此各事之儀其詳不可盡也此天地人三者之儀但略舉之故其詳不盡也可正而視言察美惡審別良苦不可以不審操分不雜故政治不悔定而履言處其位行其路為其事則民守其職而不亂故葆統而好終深而迹言明墨章書道德有常則後世人人修理而不迷故名聲不息夫天地一險一易若鼓之有椁椁當為響擿擂則擊險易猶否泰夫天地否泰應德而至猶鼓之含響應擊而鳴者也言苟有唱之必有和

之○和之不差因以盡天地之道唱則擊也小則小和大則大和故曰和擊而不差應擊為響象天地應德為否泰也景不為曲物直響不為惡聲美○物曲則影曲聲惡則響惡亦況天道福善禍淫隨事而至也是以聖人明乎物之性者必以其類來也○惡聲往則惡響來猶積善餘慶積惡餘殃故君子繩繩乎慎其所先天地萬物之槖也○君子知善惡必報繩繩戒慎先天地以類善天地萬物從而應之則善在先應在後如槖之成物也故曰天地萬物之槖宙合有槖天地宙合之道教以先天地行善故槖天地也通萬物皆天地覆載之中宙合之道又苞天地之外天地苴○子餘反萬物故曰萬物之槖○苴裹萬物在天地之中故為槖也宙

合之意上通於天之上。下泉於地之下。外出於四海之外合絡天地以為一裹。宙合廣積善以通天上入地下包絡天地為一裹也散之至于無間不可名而山。宙合之裹故散其絡上能無倫觀猶不可得其名若山然也（通）山以止解時好奇如此是大之無外。小之無內。故曰有橐天地。其義不傳。苟非其人道不虛行故其義不可妄傳也一典品之不極。一薄然而典品無治也。典常也宙合之道專一而能常行則不有窮若乃輕薄不能崇重則此道或幾乎息矣常品之人不能重理也多。內則富。時出則當。（通）溥博淵泉而時出之而聖人之道貴富以當。奚謂當本乎無妄之治

運乎無方之事。應變不失之謂當。變無不至無有

應當句本錯不敢忿。當謂行賞以當功當功所以錯而不用者則以變不至也

故雖不用物不敢忿怒也 ㊣通以本無妄而應無方故不失而應

當非應之當所以應當也本也流潔本于原澄繆

善本于聲不論曰君子務本本錯而無不至之變

無以應則棘棘而求蔭還矩而求方冥行而求直

前之也反本之不暇奚于忿忿者不足以合一人

反而正本足合宇宙 故言而名之曰宙合。尋古貴言之立

名名曰宙合也

樞言第十二

樞者居中以運外動而不窮者也言則慮心而發口變而無主者也其用若樞故曰樞言

外言三

評 樞言必宿隱道術之士以管子重言行也略談主本詳于運術又涉家強袝于道耶多美言可市然楮葉也尚不如飛鳶心計小夫非大豪

評 末行年六十而老吃其管氏與非與抑管采處士之言與故先列管子下列樞言明乎有本

演 樞言愛利益安元亨利貞四德也道原出於天一而四奐事天莫若嗇故首愛嗇乃通通乃

實實乃久久安則天神矣道元即治元也

管子曰：道之在天者日也。日者萬物由之以照萬象由之以顯功莫大焉故謂之道也其在人者心也。心者萬物由之以慮萬理由之以斷云為莫大焉故謂之道故曰：有氣則生，無氣則死，生者以其氣。日與心以生成為功而生成以氣為主此言氣者道之用也尤宜重也有名則治，無名則亂，治者以其名。物既生成須立法以治之在於名實相副故實稱其名則治名重其實則亂樞言曰：愛之、利之、益之、安之，四者道之出。四者從道而生故曰道之出也帝王者用之而天下治矣。帝王者審所先所後，先民與地則得矣。民者君之地君者民之天先此二者則無

(所不得也)先貴與驕則失矣。(貴而不已則驕，驕而不已則亡。先此二者則無所不失矣。)是故先王慎貴在所先所後。人主不可以不慎貴。不可以不慎民。不可以不慎富。慎貴在舉賢，慎民在置官，慎富在務地。故人主之卑尊輕重在此三者。不可不慎。(慎三則尊以重，忽三則卑以輕。)國有寶，有器，有用。城郭險阻蓄藏，寶也。(城郭完，險阻修，則寇盜息；蓄藏積，民無飢，故為寶也。)聖智，器也。(聖無不通，智無遺策，二者可操以成事，故曰器。)珠玉，末用也。(珠玉者，飢不可食，寒不可衣，費多而益少，故為末用也。)先王重其寶器而輕其末用，故能為天下。生而不死者二。(謂寶與器。)立而不立者四。（人君雖欲自立而重珠玉則不令得立者四謂喜怒惡欲（通）喜怒哀樂生于陰陽由二生四也人含陰陽以生離則死四情用而不用故曰立而不立）賢者寶之喜也者怒也者惡也者欲也者天下之敗也而賢者寶之為善者非善也。（非善此珠玉也）故善無以為也。（通）（天下皆知善之為善斯惡矣上德為之而無以為）故先王貴善（貴善蓄藏）王主積于民（無不足）霸主積于將戰士（卒奮勇）衰主積于貴人（益其驕）亾主積于婦女珠玉（速其亡也）故先王慎其所積疾之疾之萬物之師也為之為之萬物之時也。强之强之。萬物之指也。凡國有三制。有制人者。有爲人之所制者。有不能制人。人亦不能制者。何以知其然。德盛義尊。而不好加名於人。加名于人者人亦加之人衆兵强而不以其國造難生患。患難于人者人亦患難之天下有大事而好以其國後。謙受益也通後起者勝如此者制人者也。下人者在人上德不盛義不尊而好加名于人。人不衆兵不强而好以其國造難生患恃與國幸名利。言恃黨與之國又不爲推讓每躲幸其名利也如此者人之所制也。陵人者人反陵之息侯伐鄭之比人進亦進人退亦退人勞亦勞人佚亦佚。進退勞佚。與人相胥。胥視也常視人與之俱進退勞佚也如此者不能制人。人亦不能制也。愛人甚而不能利也。愛甚不利生其怨心憎人甚而不能害也憎甚不害生其賊心故先王貴當。愛必利憎必害貴周。深密不測則周也周者不出于口。不見于色。一龍一蛇。一則為龍一則為蛇喻人行藏一日五化之謂周。行藏五變故曰五化故先王不以一過二。以眾少喻多所驚也㊣過一龍一蛇一日五化周應而無窮故無過二一以貫之也不化則一者過過之時即二矣不遠復不貳過義政如是。一日五化五行之運

化而相生，終而復始，則五復歸于一，一乃能化五

一日而五序，周天道、人道、君道也。先王不獨舉，不

擅功。獨舉擅功，人之所疾。先王不約束，不結紐。約束則解，有束

故可得而解。結紐則絕。有紐故可得而絕。故親不在約束結紐。

相親從心生也。先王不貸交，貸交則人心有親跡。不列地，列地則人心有向背。而可

以為天下。天下不可改也。親跡向背是其改也，改為分別。

鞭箠使也。若乃不改而以鞭箠，感之則無思不服。時也，利也，出為之

也。先王有所出為心上，得天時下盡地利。餘目不明，餘耳不聽。苟非時利。

雖目視有餘，不用其明；耳聽有餘，不用其聽也。是以能繼天子之容。天子之容

時利而已官職亦然。亦時利也時者得天，義者得人。義即利也既時且義，故能得天與人。先王不以勇猛為邊竟，則邊竟安。邊竟安，則鄰國親。鄰國親，則舉當矣。人故相憎也。人之心悍，故為之法。法出于禮，禮出于治。治禮，道也。萬物待治禮而後定。凡萬物陰陽兩生而參視。先王因其參而慎所入所出。以卑為卑，卑不可得；以尊為尊，尊不可得。桀舜是也。先王之所以最重也。得之必生，失之必死者，何也？唯無得之。堯舜禹湯文武孝已，斯待以成，天下必待以生。故

先王重之。一日不食比歲歉。三日不食比歲飢。五
日不食比歲荒。七日不食無國土。十日不食無儔
類盡死矣。先王貴誠信。誠信者天下之結也。信誠者所以結固天下之心也賢大夫不恃宗至。通貴極如亢宗士不
恃外權。坦坦之利不以功。坦坦之備不為用。坦坦謂平平非有超而異者故不能立功而成用也故存國家定社稷在卒謀之
間耳。聖人用其心沌沌乎博而圜。豚豚乎莫得其
門。本作沌乎博而圜豚豚乎莫得而闚也紛紛乎若亂絲。遺遺乎若
有從治故曰。欲知者知之。欲利者利之。欲勇者勇

之欲貴者貴之，彼欲貴我貴之，人謂我有禮；彼欲勇我勇之，人謂我恭；彼欲利我利之，人謂我仁；彼欲知我知之，人謂我慇。戒之戒之，微而異之。人心不同，其猶西馬，令既頓，欲獲失時無所收。動作必思之，無令人識之，卒來者必備之。評：動作無識，卒來必備，機心耶？神明先覺不佘。信之者仁也，不可欺者智也。既智且仁，是謂成人。賤固事貴，不肖固事賢。貴之所以能成其貴者，以其貴而事賤也；賢之所以能成其賢者，以其賢而事不肖也。惡者美之充也，卑者尊之充也。

賊者貴之死也。故先王貴之。天以時使。地以材使。人以德使。鬼神以祥使。禽獸以力使。所謂德者先之之謂也。故德莫如先。應適莫如後。先王用一陰二陽者霸。盡以陽者王。以一陽二陰者削。盡以陰者亡。量之不以少多。稱之不以輕重。度之不以短長。不審此三者。不可舉大事。能戒乎。能敕乎。能隱而伏乎。能而稷乎。能而麥乎。春不生而夏無得乎。衆人之用其心也。愛者憎之始也。德者怨之本也。唯賢者不然。先王事以合交。德以合人。二者不合則無成矣無親矣凡國之亡也以其長者也人之自失也以其所長者也故善游者死于梁池善射者死于中野命屬于食治屬于事無善事而有善治者自古及今未嘗之有也衆勝寡疾勝徐勇勝怯智勝愚善勝惡有義勝無義有天道勝無天道凡此七勝者貴衆用之終身者衆矣人主好佚欲亡其身失其國者殆其德不足以懷其民者殆明其刑而賤其士者殆諸侯假之威久而不知極已者殆身彌老不知敬其適子者殆蓄藏積陳朽腐

不以與人者殆凡人之名三有治也者有耻也者有事也者事之名二正之察之五者而天下治矣名正則治名倚則亂無名則死故先王貴名先王取天下遠者以禮近者以體體禮者所以取天下遠近者所以殊天下之際日益之而患少者惟忠日損之而患多者惟欲多忠少欲智也為人臣者之廣道也為人臣者非有功勞于國也家富而國貧為人臣者之大罪也為人臣者非有功勞于國也爵尊而主卑為人臣者之大罪也無功勞于國

而貴富者其唯尚賢乎衆人之用其心也愛者憎之始也（愛盡而憎）德者怨之本也（德竭而怨生）其事親也妻子具則孝衰矣其事君也有好業家室富足則行衰矣爵祿滿則忠衰矣唯賢者不然（賢者有始有卒）故先王不滿也人主操逆人臣操順先王重榮辱榮辱在為天下無私愛也無私憎也為善者有福為不善者有禍禍福在為故先王重為明賞不費明刑不暴賞罰明則德之至者也故先王貴明天道大而帝王者用愛惡愛惡天下可秘愛惡重閉必固

釜鼓滿則人概之。人滿則天概之。故先王不滿也。先王之書心之敬執也。而衆人不知也。故有事事也。毋事亦事也。吾畏事不欲爲事。吾畏言不欲爲言。故行年六十而老吃也。

管子權第四卷終

管子榷卷第五

唐司空房　玄齡　註

明道民朱　長春　榷

八觀第十三　法禁第十四

重令第十五

八觀第十三

外言四

(評)八觀似韓子其時法家流爲之其說計察其文刻廉致無深遠音多索盡秦先文如是雄國

猶奇宕神王

大城不可以不完郭周不可以外通里域不可以横通（横通謂從旁而通也）閭閈不可以毋闔（闔扉也）宮垣關閉不可以不修故大城不完則亂賊之人謀郭周外通則姦遁踰越者作里域横通則攘奪竊盜者不止閭閈無闔外内交通則男女無别宮垣不備關閉不固雖有良貨不能守也故形勢不得為非則姦邪之人慤愿（禁禦周固形勢不得為非則姦邪之人無從生心而變為慤愿）禁罰威嚴則簡慢之人整齊憲令著明則蠻夷之人

不敢犯。賞慶信必。則有功者勸。教訓習俗者衆。則君民化變而不自知也。習俗而善不知善之為善猶入芝蘭之室不知芳之為芳也是故明君在上位。刑省罰寡。非可刑而不刑非可罪而不罪也。明君者閉其門。塞其塗。弇其迹。使民無由接於淫非之地。既閉出非之門又塞生過之塗成罪之迹莫不掩匿如此則自然端直欲接淫非之地其路無由也是以民之道正行善也。若性然。故罪罰寡而民以治矣。

行其田野。視其耕芸。計其農事。而飢飽之國可以知也。其耕之不深。芸之不謹。地宜不任。草田多穢。

三百六十七字

耕者不必肥，荒者不必墝。以人猥計其野。猥，衆也。以人衆之多少計其野之廣狹也。草田多而辟田少者，雖不水旱，飢國之野也。若是而民寡，則不足以守其地；若是而民衆，則國貧民飢。以此遇水旱，則衆散而不收。彼民不足以守者，其城不固；民飢者，不可以使戰。衆散而不收，則國為丘墟。故曰：有地君國而不務耕芸，寄生之君也。故曰：行其田野，視其耕芸，計其農事，而飢飽之國可知也。

行其山澤，觀其桑麻，計其六畜之產，而貧富之國

可知也夫山澤廣大則草木易多也壤地肥饒則

桑麻易植也薦子見反草多衍則六畜易繁也薦茂草也

莊周曰麋鹿食薦山澤雖廣草木毋禁壤地雖肥桑麻毋

數薦草雖多六畜有征征賦閉貨之門也無貨可出若閉門然

故曰時貨不遂時貨謂穀帛畜産也金玉雖多謂之貧國也

故曰行其山澤觀其桑麻計其六畜之産而貧富

之國可知也

入國邑視宮室觀車馬衣服而侈儉之國可知也

夫國城大而田野淺狹者其野不足以養其民城

域大而人民寡者，其民不足以守其城。宮營大而室屋寡者，其室不足以實其宮。室屋衆而人徒寡者，其人不足以處其室。囷倉寡而臺榭繁者，其藏不足以共其費。囷倉所藏不足以供臺榭之費。故曰：主上無積而宮室美，氓家無積而衣服脩，氓家謂民家也。乘車者飾觀望，步行者襍文采，本資少而末用多者，本資謂穀帛。侈國之俗也。國侈則用費，用費則民貧，民貧則姦智生，姦智生則邪巧作。故姦邪之所生，生於匱不足；匱不足之所生，生於侈；侈之所生，生於毋度。故曰：

審度量。節衣服。儉財用。禁侈泰。為國之急也。不通於若計者。若計謂審度量以下不可使用國。故曰。入國邑視宮室。觀車馬衣服。而侈儉之國可知也。課凶饑。計師役。視臺榭。量國費。而實虛之國可知也。凡田野。萬家之衆。可食之地。方五十里。可以為足矣。萬家以下。則就山澤可矣。萬家以下其人少可以就山澤遂便利萬家以上。則去山澤可矣。萬家以上其人多則去山澤就原陸而山澤有禁也彼野悉辟而民無積者。國地小而食地淺也。田半墾而民有餘食而粟米多者。國地大而食地

越○按前作計師役則此師乃師役也謂興師役一分則相遠者

博也。國地大而野不辟者，君好貨而臣好利者也。（君臣好貨利則妨農功，故其野不辟。）辟地廣而民不足者，上賦重流其藏者也。（上賦重則人藏流散也。）故曰粟行於三百里，（賦重則粟賤，故人遠行而糴之，或遠人來糴也。）則國無一年之積；粟行於四百里，則國毋二年之積；粟行於五百里，則衆有飢色。其稼亾三之一者，命曰小凶。（三分常稼而亡其一，時有凶災故也，故謂小凶。）小凶三年而大凶。（比三年不熟，故曰大凶也。）大凶，則衆有大遺苞矣。（時既大凶，無復畜積，雖相振濟，但苞裹升斗以相遺也。）什一之師，什三毋事，則稼亾三之一。（師，法也。十一而稅，周禮之通法，今乃十三而稅，無事

叙而為三分是十分中有三分無事歲之入而已耗三之一矣

於舊祿已三之一也稼亡三之一。而非有故蓋積也。則道損損瘠矣。既已亡三之一又無故積則道行之人有饑損羸瘠者也什一之師。三年不解。非有餘食也。則民有鬻子矣。既師十一三年而不解此當有餘食而不餘則以遇歲凶故也所以人有鬻子者㊀通師三年不解比于小凶三年故曰。山林雖近。草木雖美。宮室必有度。禁發必有時。是何也。曰。大木不可獨伐也。大木不可獨舉也。大木不可獨運也。大木不可加之薄牆之上。凡此必資衆力則妨農事故宮室須有度禁發須有時也故曰。山林雖廣。草木雖美。禁發必有時。國雖充盈。金玉雖多。宮室必有度。江海雖廣，池澤雖博，魚鼈雖多，罔罟必有正。多少小大之正船網不可一財而成也。必多財然後成非私草木愛魚鼈也。惡廢民於生穀也。故曰先王之禁山澤之作者，博民於生穀也。彼民非穀不食，穀非地不生，地非民不動。動謂發生穀物民非作力毋以致財。天下之所生，生於用力。天下所以存其生各由用力也用力之所生，生於勞身。是故主上用財毋已，是民用力毋休也。財從力生故用財不已則用力不休也故曰臺榭相望者，其上下相怨也。上怨下不供下怨上多稅民毋餘積者，其禁不必止。民飢貧則爲盜賊故禁不止也衆有遺苞者，其戰不必勝。戰士飢則力屈故戰不勝道有損瘠者，其守不必固。損瘠則死期將至故守不固也故令不必行，禁不必止，戰不必勝，守不必固，則危亾隨其後矣。故曰：課凶飢，計師役，觀臺榭，量國費，實虛之國可知也。

入州里，觀習俗，聽民之所以化其上，君斯作矣人胥效矣故人莫不化上而治亂之國可知也。州里不鬲，無限鬲也閭閈不設，出入毋時，早晏不禁，則攘奪竊盜攻擊殘賊之民毋自勝矣。自從也既不設備則盜賊無從而勝食谷水，巷鑿井，谷水者（公井則出汲者[illegible]庭放）場圃接（鄰家子女易得交通）樹木茂（姪泆者易為）宮牆毀壞戶不閉外內交通則男女之別毋自正矣鄉毋長游（什長游宗也）里毋士舍（士謂里尉每里當置舍使尉居焉）時無會同（鄉里每時當有會同所以結恩好也）喪蒸不聚（蒸冬祭名）禁罰不嚴則齒長輯睦毋自生矣（鄉里長弟當以齒也）故昏禮不謹則民不修廉論賢不鄉舉則士不及行貨財行於國則法令毀於官請謁得於上則黨與成於下鄉官毋法制百姓羣徒不從此亾國弒君之所自生也故曰入州里觀習俗聽民之所以化其上者

而治亂之國可知也。

入朝廷。觀左右本求朝之臣。謂原本尋求朝之得失論上下之所貴賤者。而彊弱之國可知也。功多為上。祿賞為下。則積勞之臣不務盡力。戰功曰多謂積勞之臣論其功多則居於衆上及行祿賞翻在衆下故不務盡力也治行為上。爵列為下。則豪桀材臣不務竭能。便辟左右。不論功能而有爵祿。則百姓疾怨。非上賤爵輕祿。左右不論能而有爵祿則百姓非但疾怨非上又輕賤爵祿也金玉貨財商賈之人。不論志行而有爵祿也。不論志行使之在爵祿之位也則上令輕。法制毀。權重之人。不論才能而得尊位，則民倍本行而求外勢。彼積勞之人不務盡力，則兵士不戰矣。豪桀材人不務竭能，則內治不別矣。百姓疾怨非上，賤爵輕祿，則上毋以勸衆矣。上令輕，法制毀，則君毋以使臣，臣毋以事君矣。民倍本行而求外勢，則國之情偽竭在敵國矣。人既倍本求外，則國之情爲盡在於敵矣。竭，盡也。故曰：入朝廷，觀左右本求朝之臣，論上下之所貴賤者，而彊弱之國可知也。

置法出令，臨衆用民，計其威嚴寬惠，行於其民與不行於其民可知也。法虛立而害疏遠。（謂其立法但能害疏遠而不行親近，故曰虛立也。）令一布而不聽者存。（不聽者存，是令不行。）賤爵祿而毋功者富。（無功者富，則有功者貧也。）然則衆必輕令而上位危。（輕令則有無君之心，故上位危。）故曰良田不在戰士。三年而兵弱。（良田所以賞戰士，不賞則士無戰志，故兵弱也。）賞罰不信。五年而破。上賣官爵。十年而亡。倍人倫而禽獸行。十年而滅。戰不勝，弱也。地四削入諸侯，破也。離本國徙都邑，亡也。有者異姓，滅也。（有其國者異姓，則宗廟滅也。）故曰置法出令，臨衆用民，計威嚴寬惠，而行於其民不行

於其民可知也

計敵與量上意察國本觀民產之所有餘不足而存亡之國可知也。敵國彊而與國弱。諫臣死而諛臣尊私情行而公法毁。然則與國不恃其親。謂黨與之國不恃已以為親也而敵國不畏其彊。冦敵之國不畏已以為彊也豪傑不安其位而積勞之人不懷其祿。悅商販而不務本貨則民偷處而不事積聚豪傑不安其位則良臣出。積勞之人不懷其祿。則兵士不用。民偷處而不事積聚。則囷倉空虛。如是而君不為變。不改常而更化然則攘奪竊盜殘賊進取之人起矣。內者廷無良臣。豪傑不安其位兵士不用。積勞之人不懷其祿故也囷倉空虛。民偷處而不事積聚故也而外有彊敵之憂。則國居而自毀矣。居然自致滅毀故曰。計敵與量上意察國本觀民產之所有餘不足而存亡之國可知也。故以此八者觀人主之國。而人主毋所匿其情矣。

法禁第十四　外言五

評議論似韓非文勢亦涉呂覽衰世之象往往

尨雜煩碎音氣下殺

法制不議則民不相私（君出法制下不敢議則人奉公不相與為私）刑殺毋赦則民不偷於為善（有過必誅則善惡明故不為苟且之善）爵祿毋假則下不亂其上（爵必有德祿必有功不妄假人則人知君我者必賢德故不亂於上）三者藏於官則為法施於國則成俗其餘不彊而治矣（三者謂法刑爵也藏於官謂下不得擅其用如此則法施俗成自斯之外雖不勉彊莫不從理矣）君壹置其儀則百官守其法上明陳其制則下皆會其度矣君之置其儀也不一則下之倍法而立私理者必多矣是以人用其私廢上

說按別本註易既失德則大臣必作福作威以射人心使之歸

之制而道其所聞。既廢上之制故競道其所聞與遂其私欲故下與官列法。而上與君分威。國家之危必自此始矣。下謂庶人上謂權臣列亦分也昔者聖王之治其民也不然廢上之法制者必負以恥。負猶被也廢法制者必被之以恥辱也財厚博惠以私親於民者。正經而自正矣。臣厚財而作福則正禮經以示之其人自正矣亂國之道。易國之常。賜賞恣於己者。聖王之禁也。賜賞者人君所獨用也臣為君事故須禁之也聖王既歿。受之者衰。嗣君不德君人而不能知立君之道以為國本。則大臣之贅下而射人心者必多矣。越職行恩曰贅福下者君之事也今臣為之故

已也

曰贊臣之作福所邀射人心必使歸已也君不能審立其法以為下制則百姓之立私理而徑於利者必衆矣徑謂邪行以趣疾也貴者聖王之治人也不貴其人博學也欲其人之和同以聽令也博學而不聽令姦人之雄也泰誓曰紂有臣億萬人亦有億萬之心武王有臣三千而一心故紂以億萬之心亡武王以一心存故有國之君苟不能同人心一國威齊士義通上之治以為下法則雖有廣地衆民猶不能以為安也君失其道則大臣比權重與權重者相比以相舉於國小臣必循利以相

就也。故舉國之士以為亾黨。（為叛亾之黨也）行公道以為私惠。（費公以徇私也）進則相推於君，退則相譽於民，各便其身而忘社稷，以廣其居。（容受博也）聚徒威羣。（蓄黨以威衆）上以蔽君，下以索民。（求人饑已）此皆弱君亂國之道也。故國之危也。擅國權以深索於民者，聖王之禁也。其身毋任於上者，聖王之禁也。進則受祿於君，退則藏祿於室，毋事治職，但力事屬私。（其所勉力事務者，但屬意於私）王官私君事去。（王之官私事則營，君事則去之也）非其人而人私行者，聖王之禁也。（臣既非其人，故其人但為私行，所以禁之也）修行

則不以親為本。簡孝敬也治事則不以官為主。邀虛譽言舉
毋能進毋功者聖王之禁也。交人則以為己賜。臣或
下交於人恃之以為已之恩賜舉人則以為己勞。為國舉賢恃之以為已之功勞
仕人則與分其祿者。薦人令仕得祿與共分者聖王之禁也交
於利通。而獲於貧窮。臣所與交通者皆貨利衣業則農桑廢故獲於貧窮輕
取於其民。而重致於其君。下取於人輕然不難上致於君偽飾成重(通)
利市交而漁分輕飲下以進眷此剝民下附民相
反削上以附下。枉法以求於民者。削上威用附下成恩枉君公法
求人私悅也聖王之禁也。用不稱其人。家富於其列其

祿甚寡而資財甚多者。列業也自有用少而家業富祿寡而資財多則以枉法取於人故也聖王之禁也。拂世以為行。非上以為名。常反上之法制以成羣於國者。拂世非上反違法制以結連朋黨亦所謂姦人之雄也聖王之禁也。飾於貧窮。而發於勤勞。權於貧賤。內富而外飾於貧窮內逸而外發於勤勞可以致勢而權於貧窮也身無職事。家無常姓。列上下之閒。議言為民者。聖王之禁也。姓生也身既無職事家又無常生自列於上下之間其有言議每輒為人以求名譽非純粹之道故聖王禁之也壹士以為亡資。修田以為亡本。每以壹飧濟士以為亡去之資若趙孟之為又修營田業以為亡去之本也則生之養私不死。既有

趙曰按隱語亦隱也辟倚皆邪不正

所備預則私養其士雖亡而不死也然後失矯以深與上為市者自恃
其備然後君失必矯其有不從則示以去就之形而要之故曰與上為市聖王之禁也
審飾小節以示民。釣虛譽也時言大事以動上。示君以不測也
遠交以踰羣。假爵以臨朝者。遠交四鄰以越羣黨虛假高爵威臨本朝
也聖王之禁也。單身雜處。不簡儔類隱行辟倚。倚依也隱飾其
行以避所依也側入迎遠。側身而入國挺出而迎遠遁上而遁民者。單身
雜處所以遁民隱行避倚所以遁民聖王之禁也。詭俗異禮大言法
行。大為言譽以為法使人遵行也難其所為而高自錯者。錯置也聖
王之禁也。守委閒居。博分以致眾。守其委積以閒居博分共財以

致衆
勤身遂行說人以貨財勤勞其身以遂其行施其貨財以悅於人濟
人以買譽濟施人貨財以買其聲譽其身甚靜而使人求者靜而
多財故人求之聖王之禁也。行辟而堅言詭而辯術非而
博順惡而澤者所順習者惡事善潤飾之令有光澤聖王之禁也。以
朋黨為友，以蔽惡為仁。朋黨有惡相為隱蔽用此為仁以數變為
智，以重斂為忠，以遂忿為勇者，聖王之禁也。固國
之本，其身務往於上，深附於諸侯者每國自有其本臣無境外
之交今雖身務歸於上而心有異託外深務於諸侯(通)結儲君援隣敵以往
陵上。聖王之禁也。聖王之身，治世之時，德行必有

所是道義必有所明故士莫敢詭俗異禮以自見於國莫敢布惠緩行修上下之交以和親於民從容養民謂之緩行故莫敢超等踰官漁利蘇功以取順其君飾詐以釣君利謂之漁利因少構多謂之蘇功聖王之治民也進則使無由得其所利退則使無由避其所害必使反乎安其位樂其群務其職榮其名而後止矣能如上事則止而尋常也故踰其官而離其群者必使有害不能其事而失其職者必使有恥是故聖王之教民也以仁錯之以恥使之修其能致其所成而止故曰絶而定

絶邪僻靜而治安而尊舉錯而不變者聖王之道也

重令第十五　外言六

評 周文之弊利巧不懸乃其末流漫如赴壑散虛如摶沙巧畫而喬粗反入拙矣亦文心無懸不自檢我徒開唐宋之溺此類也

凡君國之重器莫重於令令重則君尊君尊則國安令輕則君卑君卑則國危故安國在乎尊君尊君在乎行令行令在乎嚴罰罰嚴令行則百吏皆

恐罰不嚴令不行則百吏皆喜故明君察於治民之本本莫要於令故曰虧令者死益令者死增益令者殺無赦不行令者死留令者死令當行而故留之不從令者死五者死而無赦惟令是視設令者必不赦此五死也故曰令重而下恐為上者不明令出雖自上而論可與不可者在下不明之君雖日出令至於可否必與下論而後定如此者臣反制君何令之為夫倍上令以為威則行恣於己以為私百吏奚不喜之有倍公則得成私觴令而喜不亦宜乎且夫令出雖自上而論可與不可者在下是威下繫於民也可否定於下則是威下繫

也威下繫於民。而求上之毋危。不可得也。下彊則上危也

令出而留者無罪。則是教民不敬也。王言如絲其出如綸所謂敬也留者不誅是教不敬令出而不行者毋罪。行之者有罪。是皆教民不聽也。不行無罪行之反誅人之不聽上教之然也令出而論可與不可者在官。是威下分也。官謂百官可否定於百官則是威下分也益損者毋罪。則是教民邪途也。益謂增令者損謂虧令者二者不罪人為邪途上教之然也如此。則巧佞之人。將以此成私為交。比周之人。將以此阿黨取與。貪利之人。將以此收貨聚財。懦弱之人。將以此阿貴事富便辟伐矜

之人。將以此買譽成名。凡此皆上開其隙則下得緣隙而成姦也故令一出。示民邪途五衢。五衢謂上之五死也死之則五衢塞生之則五衢開通承上五將以之途君出令不守于一道下渝令而邪衢于五途途由于民而衢開于上非彼趨邪我示之也而求上之毋危。下之毋亂。不可得也。五衢開故也

菽粟不足。末生不禁。民必有飢餓之色。末生謂以末業為生者也而工以雕文刻鏤相穉也。謂之逆。穉驕也人有飢色不患末以穀之反以雕文相驕故謂之逆布帛不足。衣服毋度。民必有凍寒之傷。而女以美衣錦繡綦組相穉也。謂之逆。

萬乘藏兵之國，卒不能野戰應敵，社稷必有危亡之患，而士以毋分役相稱也，謂之逆。社稷有危，人人皆當效死。今反以無分役相驕，故謂之逆。爵人不論能，祿人不論功，則士無為行制死節。爵不論能，故不為行制；祿不論功，故不為死節也。而羣臣必通外請謁，取權道，行事便辟，以貴富。謟事便辟，以得貴富。為榮華以相稱也，謂之逆。不義富貴，志士所以恥，反以為榮華而相驕，故以為逆。朝有經臣，國有經俗，民有經產。經，常也。何謂朝之經臣？察身能而受官，不誣於上，無能受官，謂之誣上。謹於法令以治，不阿黨，撓法從私，謂之阿黨。竭能盡力而不尚得，不貴

（苟得）犯難離患而不辭死。（致身授命）受祿不過其功。（不以少求多）服位不侈其能。（不以小居大）不以毋實虛受者。（有功勞而後受祿）朝之經臣也。何謂國之經俗。所好惡不違於上。（從君欲也）所貴賤不逆於令。（遵法制也）毋上拂之事。（拂違也）毋下比之說。毋侈泰之養。（節而遠也）毋踰等之服。（禮而度也）謹於鄉里之行。（信而悌也）而不逆於本朝之事者。（行君令也）國之經俗也。何謂民之經產。畜長樹藝。（畜長謂畜產也）務時殖穀。力農墾草。禁止末事者。民之經產也。故曰朝不貴經臣。則便辟得進。毋功虛取。奸邪得行。毋能上通。(賊經臣則邪臣進)國不服經俗。則臣下不順。而上令難行。(俗無常故也)民不務經產則倉廩空虛財用不足。(輕本務故也)便辟得進。毋功虛取。姦邪得行。毋能上通。則大臣不和。(小人好事)臣下不順。上令難行。則應難不捷。(人心不一)倉廩空虛財用不足。則國毋以固守。(人飢則逃散也)三者見一焉。則敵國制之矣。(見一而制況兼有乎)故國不虛重。兵不虛勝。民不虛用。令不虛行。凡國之重也。必待兵之勝也。而國乃重。凡兵之勝也。必待民之用也。而兵乃勝。凡民之用也。必待令之行也。而民乃用凡令之行也必待近者之勝也而令乃行先勝服近習令乃得行故禁不勝於親貴罰不行於便辟法禁不誅於嚴重而害於疏遠慶賞不施於卑賤二三而求令之必行不可得也能不通於官受祿賞不當於功號令逆於民心動靜詭於時變有功不必賞有罪不必誅令焉不必行禁焉不必止在上位無以使下而求民之必用不可得也將帥不嚴威民心不專一陳士不死制卒士不輕敵而求兵之必勝不可得也內守不能完外攻不能服野戰

不能制敵，侵伐不能威四鄰，而求國之重，不可得也。德不加於弱小，威不信於强大，征伐不能服天下，而求霸諸侯，不可得也。威有與兩立，（下亦有立威者）兵有與分爭，（征伐有自諸侯出）德不能懷遠國，令不能一諸侯，而求王天下，不可得也。地大國富，人衆兵彊，此霸王之本也，然而與危亡爲鄰矣。天道之數，人心之變。（所以與危亡爲鄰，則以天道數終，人心變易故也）天道之數，至則反，（終於下者則反於上）盛則衰。（日中則昃，月盈則蝕）人心之變，有餘則驕，（不足者必謙）驕則緩怠。㊟天道人心相應，恒象有人而叫天無天而不從人也天之至反盛衰如冬夏如晝夜何乎而不陂曷窮而不通故天無至人有餘者至天無盛人驕者盛易曰反復其道七日來復兢兢惕惕以危盛保盈之不皇而皇驕哉緩怠哉高明鬼瞯瞯未即禍也瞯吾有驕之斯禍之矣允天下之禍人之心何者不敗于驕而守于嗇故曰嗇是謂早服早服早復迎不遠無悔在斯與驕乃何能周公之才之美不足觀矣夫驕者驕諸侯驕諸侯者諸侯失於外天子驕則諸侯叛緩怠者民亂於內

趙按此言自諸侯而為天子

趙按此言自天子而為諸侯

緩急必輕於治故民亂諸侯失於外民亂於內天道也驕急者必失外亂內此天之道此危亡之時也若夫地雖大而不并兼不攘奪人雖衆不緩怠不傲下國雖富不侈泰不縱欲兵雖彊不輕侮諸侯動衆用兵必為天下政理此正天下之本而霸王之主也凡先王治國之器三攻而毀之者六明王能勝其攻故不益於三者而自有國正天下明王雖勝攻於三器亦不加益即勝能自有其國兼正天下亂王不能勝其攻故亦不損於三者而自有天下而亡亂王既不能勝攻三器自毀更不滅此三者縱有天下之大而遂滅亡也三器

者何也。曰號令也。斧鉞也。祿賞也。六攻者。何也。曰親也。貴也。貨也。色也。巧佞也。玩好也。三器之用何也。曰非號令毋以使下。非斧鉞毋以威衆。非祿賞毋以勸民。六攻之敗何也。（言六攻能敗三器者謂何也）曰雖不聽而可以得存者。（謂親貴也）雖犯禁而可以得免者。（謂貨色也）雖無功而可以得富者。（謂巧佞玩好也）凡國有不聽而可以得存者。則號令不足以使下。有犯禁而可以得免者。則斧鉞不足以威衆。有毋功而可以得富者。則祿賞不足以勸民。號令不足以使下。斧鉞不足以威衆。祿賞不足以勸民。若此。則民毋爲自用。（旣有罪不誅有功不賞故人不自用其力也）民毋爲自用。則戰不勝。戰不勝而守不固。守不固。則敵國制之矣。然則先王將若之何。曰不爲六者變更於號令。不爲六者疑錯於斧鉞。不爲六者益損於祿賞。若此。則遠近一心。遠近一心。則衆寡同力。衆寡同力。則戰可以必勝。而守可以必固。非以并兼攘奪也。以爲天下政治也。此正天下之道也。

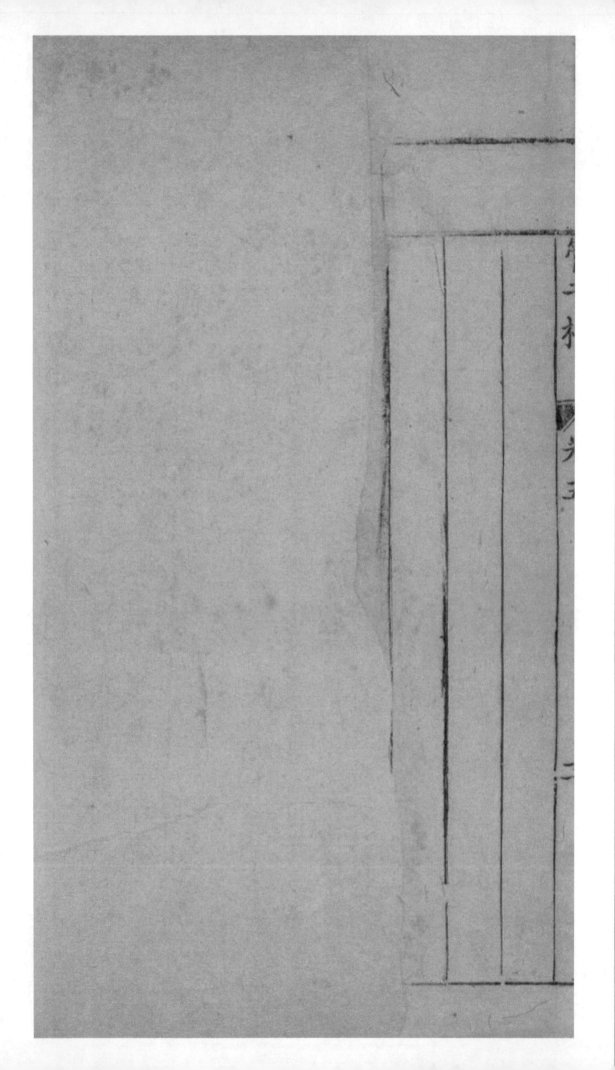

管子榷卷第六

唐司空房　玄齡　註
明道民朱　長春　榷

法法第十六　兵法第十七

法法第十六

外言七

評周天下八百年至久久斯大大斯弛弛斯湯濫濫斯極春秋不王猶有五伯持之後而七雄割分毒爭體且不屬而主體又可知矣運之極

也故文亦似其運末大而脉不落膚溢而薾不收革寛而骨不舉形臯而氣不鼓態弱而神不王病者所謂不仁不隨腫腓痺著肉食而尸行者耶病久將劇將爛將盡此周秦之交百家處士横議彌昌彌不振矣如此等擬管其類也多厭不足觀故周文自孟莊以降庶幾騷辯乎江漢之間稍稍南音然不至後之下流歸墟一逝不反也最者荀韓且勇縱無復神氣呂氏挽而收之又已薄嗚呼時也

評段落語句時佳，可以山釆，不可田穫。○篇不成章，散次其旨，無奇而專主必刑刻法，法家餘食耳，雖衍實瑣，又似拾糁。

不法法則事毋常，不設法以法下，故事無常。法不法則令不行，雖復設法，不淂法之宜，故令不行。令而不行則令不法也，法而不行則修令者不審也，法既得宜而猶不行，則以修令者未審之故也。審而不行則賞罰輕也，修令者既審而猶不行，則以上輕於賞罰也。重而不行則賞罰不信也，賞罰既重而猶不行，則以雖賞罰而不信也。信而不行則不以身先之也，賞罰既信而猶不行，則以身不先自行其法也。故曰禁勝於身〔身從禁也〕則令行於民矣聞賢而不舉殆〔聞賢不舉不若不聞所以有待〕聞善而不索殆見能而不使殆親人而不固殆同謀而離殆危人而不能殆〔危人不能不若不危〕廢人而復起殆〔既廢更起或發其宿嫌〕可而不爲殆〔可爲而不爲多生後悔〕足而不施殆〔足而不施怨疾必生〕幾而不密殆〔幾事不密則害成〕人主不周密則正言直行之士危〔所謂君不密則失臣〕正言直行之士危則人主孤而毋內〔策謀毋自入也〕人主孤而毋內則人臣黨而成羣〔君子道消則小人道長也〕使人主孤而毋內人臣黨而成羣者此非人臣之罪也人主

之過也。（君不容之過）民毋重罪過不大也。（有大過然後有重罪）民毋大過上毋赦也。（不赦則懼而修德）上赦小過則民多重罪。積之所生也。（所謂積小以成高大）故曰。赦出則民不敬。（有罪不誅則安用敬）惠行則過日益。（恃恩不恭非過而何）惠赦加於民而囹圄雖實。殺戮雖繁。姦不勝矣。（造姦以待赦也）故曰。邪莫如蚤禁之。（無使滋蔓。蔓難圖也）赦過遺善則民不勵。（善即有惠也）過不赦。有善不遺。勵民之道。於此乎用之矣。故曰明君者。事斷者也。君有三欲於民。三欲不節則上位危。三欲者何也。一曰求。二曰禁。三曰令。求必欲得禁必欲止。令必欲行。求多者其得寡。(無厭則難供，故其得寡。)禁多者其止寡。(法令滋章，盜賊多有。)令多者其行寡。(再三則瀆，故其行寡。)求而不得則威日損。(獨唱莫和，非損而何。)禁而不止則刑罰侮。(愈禁愈犯，非侮而何。)令而不行則下凌上。(不稟其命，非凌而何。)故未有能多求而多得者也，未有能多禁而多止者也，未有能多令而多行者也。故曰上苛則下不聽，下不聽而彊以刑罰，則為人上者衆謀矣。為人上而衆謀之，雖欲無危，不可得也。號令已出又易之，禮義已行又止之，度量已制又遷之。刑法已錯又移之如是則慶賞雖重民不勸也殺戮雖繁民不畏也故曰上無固植植志下有疑心國無常經民力必竭數也數理也國無常經人力必竭而曰不竭者此非理之言也（通）必埶之數也如景與響明君在上位民毋敢立私議自貴者立私議者常自恃爲貴也國毋怪嚴詭行自亢毋雜俗毋異禮士毋私議國不作奇怪則嚴肅而無雜俗有常禮士皆公議倨傲易令錯儀畫制作議者盡誅易令謂變令錯儀謂別置儀畫制謂更畫制凡此畫以法誅之故彊者折鋭者挫堅者破引之以繩墨繩之以誅僇故萬民之心皆服而從上推之而往引

之而來彼下有立其私議自貴分爭而退者則令自此不行矣立議分爭退而不誅從此之後令不復行故曰私議立則主道卑矣況主倨傲易令錯儀畫制變易風俗詭服殊説猶立立私説尚能卑主況其倨傲易風俗而猶有立者乎上不行君令下不合於鄉里變更自為易國之成俗者命之曰不牧之民於上不行君令於下不合鄉里但率意自為易國之俗故曰不牧之民言其不可養也不牧之民繩之外也繩之外誅使賢者食於能鬭士食於功賢者食於能則上尊而民從鬭士食於功則卒輕患而傲敵上尊而民從卒輕患

而儆敬。二者設於國，則天下治而主安矣。

凡赦者，小利而大害者也，（苟悅衆心，故曰小利；人則習而易犯法，故曰大害。）故久而不勝其禍；（犯法漸廣，轉欲危君，故曰不勝其禍。）毋赦者，小害而大利者也，（人初不悅，故曰小害；創而修德，故曰大利也。）故久而不勝其福。（家正而天下定，則太平可致，故曰不勝其福也。）故赦者，犇馬之委轡；（必致覆佚也。）毋赦者，痤（徂禾切，癰也）睢之礦石也。（疾可瘳也。）爵不尊，祿不重者，不與圖難犯危，以其道為未可以求之也。（以其道未可求，故不與尊爵重祿；既與之尊爵重祿，則可與之圖難犯危也。）是故先王制軒冕，所以著貴賤，不求其美；設爵祿，所以守其服。不求其觀也。演禮以辨非以華苟辨之而足為侈何為懿哉云軒冕不求美爵禄不求觀宗廟室榭不求美大曰儉其道有意乎二代之遐思乎覺周文公之于文過矣周帝王之盛帝王之極也極則思反是以曰何知禮意曰寧儉又曰少損周之文致用夏之忠使君子食於道小人食於力。君子食於道。則上尊而民順。小人食於力。則財厚而養足。上尊而民順。財厚而養足。四者備體。則胥足。上尊時而王不難矣。胥相也文有三侑。侑寬也武毋一赦。惠者多赦者也。先易而後難。久而不勝其禍。法者先難而後易。久而不勝其福。故惠者民之仇讎也。（惠者生其禍故為仇讎也）法者民之父母也。（法者生其福故為父母也）太上以制制度。其次失而能追之。（能追悔也）雖有過亦不甚矣。明君制宗廟。足以設賓祀。不求其美。為宮室臺榭。足以避燥濕寒暑。不求其大。為雕文刻鏤。足以辨貴賤。不求其觀。故農夫不失其時。百工不失其功。商無廢利。民無游日。（無閒游之日）財無砥墆。（墆久積也）故曰。儉其道乎。

令未布而民或為之而賞從之則是上妄予也（未布而為所謂先時者也當刑而賞故曰妄與也）上妄予則功臣怨功臣怨而愚民操事於妄作愚民操事於妄作則大亂之本也令未布而罰及之（所謂不令而罰）則是上妄誅也上妄誅則民輕生民輕生則暴人興（輕生故為暴亂）曹黨起而亂賊作矣令已布而賞不從則是使民不勸勉不行制不死節民不勸勉不行制不死節則戰不勝而守不固戰不勝而守不固則國不安矣令已布而罰不及則是教民不聽民不聽則彊者立彊

者立。則主位危矣。評文與墨子近長條蔓葉牽纏

而下于戰國又為末波矣退之認錯作祖故反文

而文亡以至數百年業累不了故曰憲律制度必

法道號令必著明賞罰必信密。此正民之經也。凡

大國之君尊。小國之君卑。大國之君所以尊者何

也。曰為之用者衆也。小國之君所以卑者何也。曰

為之用者寡也。然則為之用者衆則尊。為之用者

寡則卑。則人主安能不欲民之衆為已用也。使民

衆為已用柰何。曰法立令行。則民之用者衆矣。法

趙○楊士言愛人不足以用民及至能用

不立。令不行，則民之用者寡矣。故法之所立、令之所行者多，而所廢者寡，則民不誹議。民不誹議則聽從矣。法之所立、令之所行，與其所廢者鈞，則國毋常經。國毋常經，則民妄行矣。法之所立、令之所行者寡，而所廢者多，則民不聽。民不聽則暴人起而姦邪作矣。計上之所以愛民者，為用之愛之也。為愛民之故，不難毀法虧令，則是失所為愛民矣。夫以愛民用民，則民之不用明矣。夫用人者當以法令，以愛人廢法而用之，則人不可用也。夫至用民者，殺之、危之、勞之、苦之、飢

民者尤殺危勞苦飢渴之以至此極民避為之用而無謀害上者立法誅索行民皆舍好之私而行所惡之公也

之渴之。用民者將致之此極也。而民毋可與慮害已者。至善也夫善用人者必以法其不從法甚者危殺之其次勞苦飢渴之將欲用之必致此極則姦者不敢為非善者悅而從命欲求可與謀害已者其可得哉明王在上道法行於國。民皆舍所好而行所惡。所好者私欲也所惡者公義也故善用民者軒冕不下儗。而斧鉞不上因。不以下有私寵妄以軒冕有所許儗不因上有私憾妄以斧鉞有所誅戮也如是則賢者勸而暴人止。賢者勸而暴人止。則功名立其後矣。蹈白刃受矢石。入水火。以聽上令。上令盡行。禁盡止。引而使之。民不敢轉其力。轉猶避也推而戰之。民不敢愛其死不敢轉其力然後有功不敢愛其死然後無敵進無敵退有功是以三軍之衆皆得保其首領父母妻子完安於内故民未嘗可與慮始而可與樂成功是故仁者知者有道者不與大慮始大猶國衆也無以小與不幸而削亡者必主與大臣之德行失於身也官職法制政教失於國也諸侯之謀慮失於外也故地削而國危矣言國無以小與不幸而削亡者其削亡也則以臣主有失故也國無以大與幸而有功名者必主與大臣之德行得於身也官職法制政教得於國也諸侯

之謀慮得於外也。然後功立而名成。（言國無以大與幸而有功名者其有功名也則以臣主有得故也）然則國何可無道？人何可無求？得道而尊之，得賢而使之，將有所大期於興利除害。期於興利除害莫急於身，而君獨甚傷也。必先令之失。（先身無害而有利然後可以及物令君獨立無與則是有害故甚可傷所以然者則由先令之失也）人主失令而蔽。（失令則為下所蔽塞也）已蔽而劫。已劫而弒。凡人君之所以為君者，勢也。故人君失勢，則臣制之矣。勢在下，則君制於臣矣；勢在上，則臣制於君矣。故君臣之易位，勢在下也。在臣期年臣雖不忠君不能奪也臣得勢期年君雖知其不忠而不能奪無如之何也在子期年子雖不孝父不能服也亦無如之何故春秋之記春秋即周公之凡例而諸侯之國史也臣有弒其君子有弒其父者矣故曰堂上遠於百里堂下遠於千里門廷遠於萬里

評主運危言政可與四目四聰四門對書扆座令步者一日百里之情通矣堂上有事十日而君不聞其事適在堂上耳而君遂十日不聞此所謂遠於百里也步者十日千里之情通矣堂下有事一月而君不聞此所謂遠於千里也步者百日萬里之情通

矣。門廷有事，期年而君不聞，此所謂遠於萬里也。故請入而不出謂之滅，臣有請告既入而不出，此則左右不為通於下，其事遂消滅也。出而不入謂之絕，其事既出而不入，此則左右不為通於上，其事遂斷絕也。入而不至謂之侵，其事既入不得至於君，此則左右侵君事故也。出而道止謂之壅。其事既出中道而止，此則左右壅君事故也。滅絕侵壅之君者，非杜其門而守其戶也，為政之有所不行也。政之不行自致侵壅，非由杜門守戶也。故曰：令重於寶，社稷先於親戚，法重於民，威權貴於爵祿。故不為重寶輕號令，不為親戚後社稷，不為愛民枉法律，不為爵祿分

四百四十七上

威權故曰勢非所以予人也凡此上事其勢不當與人故君專之政者正也正也者所以正定萬物之命也萬物之命由正而定是故聖人精德立中以生正德精而不過其正自生也明正以治國故正者所以止過而逮不及也正者中立故過者令止之不及者令逮之過與不及也皆非正也正在於中立非正則傷國一也過猶不及故傷國一也勇而不義傷兵不及於勇故傷兵也仁而不法傷正不及於仁故傷正故軍之敗也生於不義不義則失宜故軍敗法之侵也生而不正不正則入邪故法侵也故言有辯而非務者言辯而浮誤則非要務也行有難而非善者行難而詭

趙。按此乃集書者并述異聞

悖故非正善也故言必中務不苟為辯行必思善不苟為難規矩者方圜之正也雖有巧目利手不如拙規矩之正方圜也故巧者能生規矩不能廢規矩而正方圜雖聖人能生法不能廢法而治國故雖有明智高行倍法而治是廢規矩而正方圜也一曰管氏稱古言故曰一曰凡人君之德行威嚴非獨能盡賢於人也人君之德行雖當威嚴既不能事事盡賢亦須納言而自輔故曰能自得師者王曰人君也故從而貴之不敢論其德行之高卑人曰此人君也謂其道備德成不察其是非即從而貴之豈敢更論其高卑乎有故為其殺生

急於司命也。乘人君之勢怒則伏尸流血喜則軒冕塞路故急於司命也㊟當時名法家指一而途殊各自立說參差同異故並收之其起議轉入紆曲可尋翫亦彊詞耳君天所棅也上下定制豈獨在司命之權乎權必以道行權術則末矣富人貧人使人相畜也。人君富人亦可貧人亦可使以富畜貧亦可貴人賤人使人相臣也。貴人亦可賤人亦可使人以貴臣賤人亦可人主操此六者以畜其臣。六者謂生殺富貴貧賤人臣亦望此六者以事其君。人臣事君亦望操此六者以臨下君臣之會六者謂之謀。君臣所以相合皆欲操此六者六者在臣期年臣

◎

不忠。君不能奪；在子期年，子不孝，父不能奪。故春秋之記，臣有弒其君，子有弒其父者。得此六者，而君父不智也。今臣子得此六者，是父君之不智也。六者在臣，則主蔽矣。主蔽者，失其令也。故曰：令入而不出謂之蔽，令出而不入謂之壅，令出而不行謂之牽。牽於左右。令入而不至謂之瑕。君臣相間，故曰瑕。牽瑕蔽壅之事君者，非敢杜其門而守其戶也，為令之有所不行也。此其所以然者，由賢人不至而忠臣不用也。故人主不可以不慎其令。令者，人主之大寶也。一曰：賢人不至謂之蔽忠臣不用謂之塞令而不行謂之障禁而不止謂之逆蔽塞障逆之君者不敢杜其門而守其戶也為賢者之不至令之不行也凡民從上也不從口之所言從情之所好者也上好勇則民輕死上好仁則民輕財故上之所好民必甚焉是故明君知民之必以上為心也故置法以自治立儀以自正也故上不行則民不從彼民不服法死節則國必亂矣是以有道之君行法修制先民服也（服行也先自行法以率人）凡論人有要（論人才行各有綱要）務物之人

無大士焉（大士不務謙而接物）㊟道以物物道集虛而一貫務物者博溺心文滅質求滿而反得損也非我制物而物為制也彼矜者滿也滿者虛也（所謂滿招損者也）滿虛在物在物為制也（既滿而虛則制之在物）矜者細之屬也（自矜者小人之類）凡論人而遠古者無高士焉（高士必順考古道也）既不知古而易其功者無智士焉（智士必知古而謹功也）德行成於身而遠古卑人也事無資遇時而簡其業者愚士也（德行雖曰成而乃遠古卑人則是事無資業若愚有道之時其業必見簡棄如此者可謂愚士）釣名之人無賢士焉（賢士必修實而成名）釣利之

君無王主焉（王主必度義而取利）賢人之行其身也忘其有名也。王主之行其道也忘其成功也賢人之行。王主之道。其所不能已也。（不能已而後動）明君公國一民以聽於世。（賢明之君必公誠故國以一其民人之心）忠臣直進以論其能（忠臣必直道而求進）明君不以祿爵私所愛。（惟賢是與）忠臣不誣能以干爵祿。（量能而受祿也）君不私國。臣不誣能行此道者雖未大治。正民之經也。（治雖未大足成正民之經）今以誣能之臣事私國之君而能濟功名者古今無之。誣能之人易知也。（誣能之人功亡所以不辭易可知起亦究也）臣度之先王者。臣管氏自稱舜之有天下也。禹。為司空。契為司徒。臯陶為李。古治獄之官作此李官后稷為田。此四士者。天下之賢人也。猶尚精一德。謂各精一事也以事其君。今誣能之人。服事任官。皆兼四賢之能。自此觀之。功名之不立亦易知也。結上文也故列尊祿重無以不受也。德不足以與其位也勢利官大無以不從也。直以勢利官大故每舉必從之以此事君。此所謂誣能篡利之臣者也。世無公國之君。則無直進之士。無論能之主。則無成功之臣。昔者三代之相授也。安得二天下而殺之。三代無能授於有能桀紂失之湯武得之今之天下即古之天下堯有二天下而行其刑殺哉貧民傷財莫大於兵危國憂主莫速於兵此四患者明矣古今莫之能廢也兵當廢而不廢則古今惑也兵有四患則當廢也五材並用則不當廢廢興之理難明故惑也（通）當廢不廢古今惑也是反語不可作正解兵者不得已而用也不廢其當廢為佳兵欲廢其不廢為忘戰此二者不廢而欲廢之則亦惑也二者謂廢與不廢既不廢矣又欲廢之則亦惑也此二者傷國一也廢之則蔑來無以衛國傷國不廢則費財憂主亦傷國也故曰一也黃帝唐虞帝之隆也資有天下制在一人資用也率土之濱莫非王

臣故曰制在一人當此之時也兵不廢今德不及三帝天下不順三帝之時天下皆服不須用兵而求廢兵不亦難乎故明君知所擅知所患國治而民務積此所謂擅也擅專也君之所專為在於為家治民務積聚也動與靜此所患也動靜失宜則患生也是故明君審其所擅以備其所患也猛毅之君不免於外難懦弱之君不免於內亂猛毅之君者輕誅輕誅之流道正者不安輕誅則乖正故道正之士不安道正者不安則材能之臣去亡矣彼智者知吾情偽為敵謀我則外難自是至矣智者即道正之士從此亡之敵國既知我情必為敵

謀我所以外難至也故曰猛毅之君不免於外難懦弱之君者重誅難為誅罰重誅之過行邪者不革行邪者久而不革則羣臣比周羣臣比周則蔽美揚惡蔽君美揚君惡蔽美揚惡則內亂自是起故曰懦弱之君不免於內亂明君不為親戚危其社稷社稷戚於親不為君欲變其令令尊於君不為重寶分其威威貴於寶不為愛民虧其法法愛於民

兵法第十七

外言八

（評）管氏兵法一篇其寄軍之中權九合之勝略耶三略素書之遺符耶過十三篇矣彼多方此守一彼神術此術神彼妙法此妙道由道入兵從一而散之由兵合道歸一而神之正正奇奇幻幻元元無方有方有際無際所謂皇帝王伯之分也究于皇帝王伯之無分其旨遠其文妙其權祕其法正范蠡所引兵志外無更玄者管氏以教士三萬人橫行于天下此耶即不出管氏柳計倪鷂夷之流託為書明道吳起以後無

此兵論矣白暨子毒逐不知法韓王孫亦不知道○道一以貫之有一神出竒無窮可用十三篇又可為十三篇十三而無一圖之驥皮之帋芻之狗也予故曰兵本

明一。者皇。察道。者帝。通德者王。一者氣質未分至一者也德者道由以成者也夫皇帝王道隨世立名者也其實則一也謀得兵勝者霸。所謀必得用兵必勝故霸故夫兵雖非備道至德也然而所以輔王成霸。兵者不祥之器不得已而用之故於道則未備於德則未至然用之上可以輔王下可以成霸今代之用兵者不然。不知兵權者也。權者所以知輕重既不知兵攤則失輕重之節故舉兵之日而境內貧。行師十萬日費千金戰不必勝勝則多死。雖令得勝死者已多得地而國敗。雖復得地既貧且死所以國敗此四者。用兵之禍者也。四者謂內貧不勝多死國敗也四禍其國而無不危矣。一舉兵而國四禍則何為而不危矣大度。之書。曰謂大陳法度之書舉兵之日而境內不貧戰而必勝勝而不死得地而國不敗。為此四者若何。四者謂不貧得勝不死不敗也舉兵之日。而境內不貧者。計數得也。戰而必勝者。法度審也。勝而不死者。教器備利而敵不敢校也。得地而國不敗者。因其民也。因其利。則號制有

發也。號令制度因彼而發數器備利。則有制也。有制則能備利法度
審則有守也。有所守則法度審也計數得。則有明也。有明則計數得
治衆有數。自治其軍有數存焉勝敵有理。勝於敵國有理存焉察數而
知理。審器而識勝。器備利則可勝也明理而勝敵。勝敵者在於明
理也定宗廟。鬼寧則宗廟定遂男女。人安則男女遂官四分。既定且寧則四
分官以守之則可以定威德。制法儀。出號令。然後可以
一衆治民。兵無主。則不蚤知敵。兵無主則人懷苟且故不能知敵
野無吏。則無蓄積。野無田吏則人惰本業故無蓄積官無常。則下
怨上。官無常則徵賦不節故下怨上器械不巧。則朝無定。器械不巧則寇

數見凌故朝無定

賞罰不明則民輕其產。賞罰不明則人無聊生故輕其產

故曰：早知數則獨行，有蓄積則久而不匱，器械巧則伐而不費，賞罰明則勇士勸也。三官不繆，五教不亂，九章著明，則危危而無害，窮窮而無難。危危窮窮皆重有其事

故能致遠以數，縱強以制。有數則遠可致有制則強可縱

㊂通 兼弱攻昧，取亂侮亡，所謂危危窮窮也。三官五教九章為不可勝，以待可勝也。唯精乘瑕，唯堅蹈隙，未瑕而乘精，亦傾；未隙而蹈堅，亦毀。兩者合而兵勝，未嘗勝也。能乘不勝耳。故曰致遠以數縱

强以制則有制之兵如此三官。一曰鼓。鼓所以任也。（任猶載也，謂今之做裝也。通大將主旗鼓，戰則親鼓，所以任任將也）所以起也。所以進也。二曰金。金所以坐也。所以退也。所以免也。三曰旗。旗所以立兵也。所以利兵也。所以偃兵也。此之謂三官。有三令而兵法治也。五教。一曰教其目以形色之旗。（五色之旗，各有所當，若春尚青，夏尚赤之類）二曰教其身以號令之數。（謂坐起之數）三曰教其足以進退之度。四曰教其手以長短之利。（長短兵各有所利，遠用長，近用短也）五曰教其心以賞罰之誠。（貪賞畏罰）

士乃自厲五教各習而士負以勇矣負恃也恃其便習而勇也九章一曰舉日章則晝行二曰舉月章則夜行三曰舉龍章則行水四曰舉虎章則行林五曰舉鳥章則行陂六曰舉蛇章則行澤七曰舉鵲章則行陸八曰舉狼章則行山九曰舉韟章則載食而駕韟韜也謂韜其章而舉之則載其所食而駕行矣九章既定而動靜不過三官五教九章始乎無端卒乎無窮無端無窮皆出敵不意彼不能測知也始乎無端者道也卒乎無窮者德也㊟初舉察道帝通德王曰兵兆備道至德也既分矣此曰始

無端道卒無窮德又以兵歸入分而復合也道無不貫之物德無不載之事武無遺文之用其粗者分其精者合主其精以運其粗故徑乎不知而發乎不意不意不知神矣神妙萬物而為言也一粗一精一經一緯一文一武分也未始有分也道德猶然借名而何分於兵不分歸於一故曰明一者皇至矣盡矣吾何以守兵法之神乎以此非一焉有端矣有窮矣道不可量德不可數也故不可量則衆強不能圖不可數則偽詐不敢嚮兩者備施

則動靜有功。徑乎不知。徑謂卒然直指敵不知發乎不意。徑乎不知，故莫之能禦也。發乎不意，故莫之能應也。故全勝而無害。因便而教，准利而行。教無常，教既因便故無常也行無常。行既准利故亦無常也兩者備施，動乃有功。兩者謂教與行器成教施，追亡逐遁若飄風。擊刺若雷電。絕地不守。謂孤絕之地無險固可恃故不守恃固不拔。拔恃固之守必多費而無功也中處而無敵，令行而不留。用兵之道常能處可否之中則彼遠避而不能敵有令必行而不留也器成教施，散之無方，聚之不可計。教器備利，進退若雷電，而無所疑匱也。匱竭也一。氣專定則傷通而不疑（精一其氣專而且定故不疑）通入道之言一則神定則慧陣勢變于風雲兵械決于鬼神將心定于太山厲士利械則涉難而不匱（士既厲械之利故不匱）進無所疑退無所匱敵乃為用（既無疑匱敵乃凌服從而為已用）山阬不待鉤梯（習山故也）歷水谷不須舟檝（習水故也歷謂遠歷而渡）徑於絕地攻於恃固通陵山歷水越王八千之君子也何絕不徑何固不攻不守不拔因便准利之法靜如山徑絕攻固不疑不匱之效動如風獨出獨入而莫之能止（見其隙故）竇不獨入故莫之能止

俘厥寶玉必選精勇與俱故曰不獨入也㊀通雖獨入與衆俱入寶不必改寶寶言貴也寶不獨見與精勇俱見之故莫之能斂寶玉所以禮神使無水旱之災故取之不爍也㊀通不神之所以為神故用于獨出獨入寶于不獨入不獨見不獨有衆為用之公有不自用之虛有不先為用之無無而無意無意而神神常玄常妙也故無而有無而有我不知出入人安意吾出入無名之至盡其取寶玉也潛伏不名至能盡獲而不匱也不盡而不意故不能疑神既盡寶玉皆非彼所意故不能疑度謂之為神㊀通莫能止以吾獨出獨入妙無名也無至盡

盡不意卒然而來卒然而應運其天機而無心神矣何能疑畜之以道○則民和養之以德○則民合(通)至此又歸道德上以無端無窮運之為獨神此以畜和養合因之為衆強獨神妙于中權衆強勇于進鬭以此談兵有本之論乎加轄鈐一等和合故能諧諧故能輯輯諧輯以悉莫之能傷我之軍士悉以諧輯故敵不能傷也定一至行二要縱三權施四教發五機設六行論七數守八應審九器章十號自一至以下管氏不言其數無得而知也故能全勝大勝全勝謂全我而勝彼大勝謂遍服諸國無守也

故能守勝。無守謂不守一數故能常守其勝也數戰則士罷，數勝則
君驕。夫以驕君使罷民，則國安得無危？故至善不
戰。服之以德其次一之。雖勝不勝破大勝强，一之至也。不以勝為
勝故能破大勝强也亂之不以變。亂敵不設計變也乘之不以詭。乘敵
不以詭計勝之不以詐。勝敵不以詐謀一之實也。凡此皆至一之實也近
則用實，遠則施號。謂號十力不可量，彊不可度，氣不
可極，德不可測，一之原也。原本也凡此皆我守其一彼不能知衆若
時雨，寡若飄風，一之終也。用衆貴詳審故若晴雨之漸用寡貴機速故若
飄風之卒至皆以一為本故能終至此道
㊂通 一道之元也明一者王則

四百四十四字

至善不戰乎不戰而戰戰道具矣其次一之一以御萬萬生于一以道而行戰戰而不失其不戰也曰至曰實曰原曰終一之變通至此然皆其不可知者則神乎神故妙于有而盡于無無一之元也利適器之至也。（兵刃利而適者其器得宜之至）用敵教之盡也。（士卒用命而教者則教練之盡）不能致器者。不能利適。不能盡教者。不能用敵。（器既不利教又不盡敵則不服豈能用之哉）不能用敵者窮。（既不能用敵數則反侵故窮也）不能致器者困。（既不能致器則無以應敵故困也）遠用兵則可以必勝。（兵遠用所以絕其反顧之心故必勝）出入異塗。則傷其敵出入異塗或有所傷也有迷而失道故為敵所傷也通我出敵不知其所入我入敵不知其所出變化異塗敵不能應戰則勝攻則克深入危之則士自修深入敵國其處又危所謂置之死地故士自修以求生也士自修則同心同力善者之為兵也使敵若據虛居常畏懼若搏景擊無所獲通不測我之實則據虛不見我之形則搏景無設無形焉無不可以成也無策可以設無形可以尋所向皆無設不可以成功也無形無為焉無不可以化也無形可以覩無計可以為所在皆無故不可以變化也通無不可以成化無不成化也有則有礙無則無方無

方不測神之用乎如天之行而萬物成矣化矣此之謂道矣無形迹可尋詰者道之謂〔通〕無設無形無為結上無名之至盡神乃謂道若亡而存若後而先威不足以命之善用兵者體道以為變化者也故若亡者而乃存若後者而乃先令以威武命之去之遠矣〔通〕兵威事也道所以用威威而不神法也歟得窺之神行其威法無法也變化而不可知則道借于威而非威也

管子權第六卷終

趙心○大匡等三篇只當作紀叙之文

管子權卷第七

唐司空房　玄齡　註

明道民朱　長春　權

大匡第十八

大匡第十八謂以大事匡君

內言一

評　大匡與稱語爭工叙辭絕不同文體各成一家後出故更奇奇勝前亦奇不如前五帝三王之降也世然也噩噩皞皞驩虞見世運見文運

（評）大匡叙一匡大政是管子列傳七國法家之
卞為之也要其博大道宕時加峻裁氣體故自
矯矯落落大致似國策而古深有春秋之遺太
史公長篇往往釆其法亦文場宗器寶色自貴
○倫次似錯非錯關結似關非關古人大文章
時有之兵法正合奇勝也首按事紀叙引入仲
相分二大段法宜先内後外先政後功故倒使
造奇亦不奇也叙仲桓君臣始相左後相成桓
試仲亦仲試桓見病後醫見顛而後扶乃言易

趙。按亨于固辭傳稱疾不出君不信

入而切轉用于此中失得順文相叙亦自合㑹要于後其切者外而所以為功政也内也兵家背水陣形家倒騎龍奕家先著為後著也最奇可翫

齊僖公生公子諸兒。公子糾。公子小白。使鮑叔傅小白。鮑叔辭稱疾不出。管仲與召忽往見之。曰。何故不出。鮑叔曰。先人有言曰。知子莫若父。知臣莫若君。今君知臣不肖也。是以使賤臣傅小白也。鮑叔以小白年幼又不肖而賤故難為之傅也賤臣知棄矣。召忽曰。子固辭

我權保子以死亾則君不疑必免子之傳矣

無出。吾權任子以死亾。必免子。任保也君若有疑我當保子以疾困至於死亾此可以免子之身鮑叔曰。子如是。何不免之有乎。言必免也管仲曰。不可。以召忽言非持社稷宗廟者不讓事不廣閒。社稷宗廟至重故不可讓難事而廣求閒安將有國者未可知也。於三公子未可的知其人子其出乎。召忽曰。不可。吾三人者之於齊國也。譬之猶鼎之有足也。去一焉。則必不立矣。言三人不可異其出處吾觀小白。必不為後矣。管仲曰。不然也。夫國人憎惡糺之母。以及糺之身。而憐小白之無母也。諸兒長而賤。事未可知也。夫所以定齊國者非此二公子者將無已也。（二公子謂諸兒子糾言二子既不能定齊國而又不立小白即是將更無所用謂小白必得立矣）小白之為人。無小智惕而有大慮。（言雖無小智能惕懼而有大慮）非夷吾莫容小白。（小白既無小智必乖近於俗人故非夷吾莫能容）(演)小智大慮政不相兼尤不可相兼大飯不及壺飧嗛嗛不足為飽有大有小其唯聖人乎聖人能有之而不用之也左畫方右畫負手且不能給而況於心耳目手足各兩而心一也用其一不得又兼其二用大大矣用小小矣大得俊乎小而小無得御乎大故曰大不踰

述○兄古况辛後倣此言犯命廢糺雖得天下尚不生況定齊社稷一國之政乎

小出入君子不小知故可大受也天不幸降禍加殃于齊糺雖得立事將不濟非子定社稷其將誰也。糺既不濟次在小白輔小白而定社稷者非子而誰子謂召忽召忽曰百歲之後吾君卜世犯吾君命而廢吾所立奪吾糺也雖得天下吾不生也。吾君卜世謂僖公之子小白等也君命謂僖公之命使立子糺今而奪焉我當致死兄與我齊國之政也。受君令而不改奉所立而不濟是吾義也。召忽稱管仲為兄與我齊國之政謂使知政也今受君令而立子糺不改其所奉更有所立不濟而死是為臣之義也管仲曰夷吾之為君臣也。言已立君臣之義與召忽異將承君命奉社稷以持宗廟豈死一糺哉。言當為宗廟社稷致死，不死於一糺夷吾之所死者，社稷破，宗廟滅，祭祀絕，則夷吾死之；非此三者，則夷吾生。夷吾生，則齊國利；夷吾死，則齊國不利。

通　管召二人語，應是小白既立，請魯殺糺之時，忽于此言奪糺死糺，何居？又與鮑叔辭傅不相當，紀者代為辭，又錯為序也。

鮑叔曰：然則柰何？管子曰：子出奉令則可。子出奉令，則小白有所依，故曰可鮑叔許諾，乃出奉令，遂傅小白。鮑叔謂管仲曰：何行？問其事君當何所行管仲曰：為人臣者，不盡力於君，則不親信。不為君不親信不親信。則言不聽。言不聽。則社稷不定。夫事君者無二心。此事君之所行鮑叔許諾。僖公之母弟夷仲年。生公孫無知。有寵於僖公。衣服禮秩如適。言無知之寵與適子同僖公卒。以諸兒長得為君。是為襄公。襄公立後。絀無知。無知怒。公令連稱管至父戍葵丘。曰。瓜時而往。及瓜時而來。期戍。公問不至。請代不許。故二人因公孫無知以作亂。魯桓公夫人文姜。齊女也。公將如齊。與夫人皆行。公謂桓公申俞諫曰。不可。申俞魯大夫也女有家。男有室。女有夫之家男有妻之室無相瀆也。謂之有禮公不聽，遂以文姜會齊侯於濼。文姜通於齊侯，桓公聞，責文姜。文姜告齊侯，齊侯怒，饗公，使公子彭生乘魯侯，脅之。（謂扶公升車，拉其脅而殺之。）公薨于車。豎曼曰：（豎曼，齊大夫也。）賢者死忠以振疑，百姓寓焉；（振，救也。賢者死於忠義，以救當時之疑，故百姓有所託焉。寓，寄託也。）智者究理而長慮，身得免焉。（智者既盡理而謀慮久長，故免於危亾。）今彭生二於君，（不以正道輔君而從之於昬，故曰二。）無盡言而諛行，以戲我君，使我君失親戚之禮命，（無盡言，謂不忠諫。褻公通其妹，故曰失親戚之禮命。）又力成吾君之禍，以搆二國之怨，（恃其多力，拉殺魯君，故曰力成吾君之禍。）彭生其得免乎禍理屬焉。禍敗之理屬於彭生夫君以怒遂禍。君怒魯桓彭生則遂成其禍不畏惡親聞容昏生無醜也。君而通妹是謂惡親不畏此事遠聞而容忍之然此昏愚之生於不識其類故曰昏生無醜醜類也豈及彭生而能止之哉。及如也禍由彭生則彭生力能止之今而成禍故當誅之魯若有誅必以彭生為說。二月魯人告齊曰寡君畏君之威不敢寧居來修舊好禮成而不反無所歸死請以彭生除之。齊人為殺彭生以謝於魯。五月襄公田于貝丘見豕彘從者曰公子彭生也。公怒曰公子彭生安敢見射之豕人立而啼公懼墜於車下傷足亾屨反誅屨於徒人費。不得也。誅責鞭之見血。費走而出。遇賊於門。脅而束之。費袒而示之背。賊信之。使費先入。伏公而出。鬭死于門中。石之紛如死于階下。孟陽代君寢于牀。賊殺之。曰。非君也。不類。見公之足于戶下。遂殺公而立公孫無知也。鮑叔牙奉公子小白奔莒。管夷吾召忽奉公子糾奔魯。九年。公孫無知虐於雍廩。雍廩殺無知也。桓公自莒先入。魯人伐齊。納公子糾。戰於乾時。管仲射桓公中鉤。魯師敗績。桓公踐位。於是劫魯。使魯殺公子亂。劫謂與兵脅之桓公問於鮑叔曰。將何以定社稷。鮑叔曰。得管仲與召忽則社稷定矣。公曰。夷吾與召忽吾賊也。鮑叔乃告公其故圖。故圖謂管仲本使鮑叔傅小白將立之公曰。然則可得乎。鮑叔曰。若亟召。則可得也。不亟不可得也。夫魯施伯知夷吾為人之有慧也。其謀必將令魯致政於夷吾。夷吾受之。則彼知能弱齊矣。夷吾不受。彼知其將反於齊也。必將殺之。既不受魯政而反於齊恐其將為魯害故殺之公曰。然則夷吾將受魯之政乎其否也。鮑叔對曰。不受。夫夷吾之不死糾也。為欲定齊國之社稷也。今受魯之政是弱齊也。夷吾之事君無二心。雖知死。必不受也。君謂桓公公曰其於我也曾若是乎。曾則也則能無二心如是乎鮑叔對曰非為君也。為先君也。其於君不如親糾也。言管仲親糾多於小白也糾之不死而況君乎。親尚不死疏則可知君若欲定齊之社稷則亟迎之。管仲既志在定齊社稷故須急迎之公曰。恐不及柰何。鮑叔曰夫施伯之為人也。敏而多畏。多畏則念慮深公若先反。恐注怨焉。必不殺也。若先反管仲而施伯殺之齊必注怨故不敢殺公曰諾從鮑叔之言也施伯進對魯君曰管仲有急其事不濟。

今在魯。君其致魯之政焉。有急難之事與小白爭國其事既不濟故來在魯可因此事而致政若受之。則齊可弱也。若不受。則殺之。殺之以說於齊也。與同怒尚賢於已。施伯恐管仲反齊為害欲殺之有若與齊同怒如此猶賢於不殺也君曰諾。魯未及致政。而齊之使至曰。夷吾與召忽也。寡人之賊也。今在魯。寡人願生得之。若不得也。是君與寡人賊比也。魯君問施伯。施伯曰。君與之。臣聞齊君惕而亟驕。雖得賢。庸必能用之乎。庸猶何也及齊君之能用之也。管子之事濟也。及猶就也就令能用之管子之事必濟矣夫管仲。天下之大聖也。

今彼及齊，天下皆鄉之，豈獨魯乎？今若殺之，此鮑叔之友也。鮑叔因此以作難，君必不能待也。齊國強，鮑叔賢，故不能待。待猶擬也。不如與之。魯君乃遂束縛管仲與召忽。管仲謂召忽曰：「子懼乎？」召忽曰：「何懼乎？吾不蚤死，將胥有所定也。胥待。今既定矣。謂小白已定齊。令子相齊之左，必令忽相齊之右。雖然，殺君而用吾身，是再辱我也。君謂子糾。子為生臣，忽為死臣。生則定社稷，死則顯忠義。忽也知得萬乘之政而死，公子糾可謂有死臣矣；子生而霸諸侯，公子糾可謂有生臣矣。死者成行，死成忠義之行生者成名。生定社稷之名名不兩立。既成生名不可又成死名行不虛至。必致身受命乃謂之行也予其勉之。死生有分矣。乃行入齊境自刎而死。管仲遂入。君子聞之曰。召忽之死也賢其生也。召忽之生不能霸諸侯管仲之生也賢其死也。管仲之死不成九合之功或曰。評以或曰起例信疑兩存猶闕文之廣法也而文奇正陸離得此更神大傅所謂相雜太史公嘗采學之後不解矣明年。集書者更聞異說故言或曰明年襄公立之明年也襄公逐小白。小白走莒。三年。襄公薨。公子糾踐位。國人召小白。鮑叔曰。胡不行矣

道。按及謂所從黨與也

小白曰。不可。夫管仲知、召忽強武。雖國人召我、我猶不得入也。鮑叔曰。管仲得行其知於國。國可謂亂乎。管仲得行其智於國國則不亂今亂是不得行其智 召忽強武、豈能獨圖我哉。國人既召小白則不與召忽圖我 小白曰。夫雖不得行其知、豈且不有焉乎。直是智不行不得言無智 召忽雖不得衆其及、豈不足以圖我哉。召忽雖不得衆若及獨能圖我 鮑叔對曰。夫國之亂也。智人不得作內事。智人作內事則其國理 朋友不能相合摎。而國乃可圖也。摎交入也朋友不能相交合則黨與弱故乃可圖 乃命車駕。鮑叔御。小白乘而出於莒。小白曰。夫二人者奉君令吾不可以試也。二人謂管仲召忽奉君令則致死拒我故不可試也乃將下鮑叔履其足曰事之濟也在此時。事若不濟老臣死之。公子猶之免也。鮑叔言事若不濟則匕致死公子猶可得免脫乃行至於邑郊鮑叔令車二十乘先十乘後。二十乘先鮑叔欲與之入國十乘後令衛公子鮑叔乃告小白曰夫國之疑二三子莫忍老臣。二三子謂從小白者不忍違老臣故相從中心實疑事之未濟也老臣是以塞道。以事未濟故以二十乘先行塞道

㊟通 三人同友仲忽必不忍殺叔故先驅塞道公子居後既不敵前行則彼兵不振矣是以平行入國

而已矣倘其反而殺叔先者死拒後者可走也故曰公子猶之免也是以誓軍令利則進不利則後免公子而走鮑叔乃誓曰事之濟也聽我令事之不濟也免公子者為上死者為下吾以五乘之實距路（鮑叔於前二十乘更將五乘先行距路不令子糺之黨得及小白）鮑叔乃為前驅遂入國遂公子糺管仲射小白中鉤管仲與公子糺召忽遂走魯桓公踐位魯伐齊納公子糺而不能桓公二年踐位（入國二年方得踐位）召管仲管仲至公問曰社稷可定乎管仲對曰君霸王社稷定君

不霸王。社稷不定。公曰。吾不敢至於此其大也定社稷而已。管仲又請君曰。不能。管仲辭於君曰。君免臣於死。臣之幸也。然臣之不死糺也。爲欲定社稷也。社稷不定。臣祿齊國之政。而不死糺也。臣不敢。（既不死糺空食齊政之祿而不定社稷臣則不敢言將致死）乃走出。至門。公召管仲。管仲反。公汗出曰。勿已。其勉霸乎。（必欲令霸王而不已我將勉力而求霸也）管仲再拜稽首而起曰。今日君成霸。臣貪承命。趨立於相位。（君既許霸臣貪於承命故趨立相位）〔評〕期王而勉伯著書者脩曰君不能大姑以小見仲王佐云爾略倣商君而文致之仲才士也王主道仲非伊傅也仲篤人也謂飾所不知術要君而籠之則仲又非商君也仲法家之上商君不足於法而降為强乃令五官行事異日公告管仲曰欲以諸侯之間無事也小修兵革管仲曰不可百姓病公先與百姓而藏其兵百姓困病當先賦與之而兵事且可藏與其厚於兵不如厚於人入厚兵自强齊國之社稷未定公未始於人而始於兵外不親於諸侯內不親於民公曰諸政未能有行也二年桓公彌亂不盡行夷吾之言故彌亂又

告管仲曰。欲繕兵。管仲又曰。不可。公不聽。果為兵。桓公與宋夫人飲船中。夫人蕩船而懼公。公怒出之。宋受而嫁之蔡侯。明年。公怒告管仲曰。欲伐宋。管仲曰。不可。臣聞內政不修。外舉事不濟。公不聽。果伐宋。諸侯興兵而救宋。大敗齊師。

評 蕩船事國異人異年異自紀先立以下至後紀事多與傳左故別或曰趣例載異聞也或曰明非管氏之書法家以其議祖之集其事傳附之主于管子曰管子耳

公怒。歸告管仲曰。請修兵革。吾士不練。吾兵不實諸侯故敢救吾讎內修兵革管仲曰不可齊國危矣內奪民用士勸於勇外亂之本也。修兵則用糜故曰奪人用士所勸者唯勇則輕敵故為外亂之本也外犯諸侯民多怨也。外犯必多殘害故為人所怨為義之士不入齊國君為不義故義士不歸也安得無危鮑叔曰公必用夷吾之言公不聽乃令四封之內修兵關市之征修之。修謂過常也謂重其稅賦公乃遂用以勇授祿士勇則與之祿鮑叔謂管仲曰異日者公許子霸今國彌亂子將何如管仲曰吾君惕其智多誨智多則可試誨之也姑少胥其自及也。胥待也待其自能及道鮑叔曰比其自及也國無闕亾乎管仲曰未也國中之政夷吾尚微為焉亂乎尚可以待（國政微為則未至亂可待君自及）外諸侯之佐既無有吾二人者未有敢犯我者（諸侯之佐既無有如我二人故不敢犯我）明年朝之爭祿相刺裚領而刎頸者不絕（裚謂掣斷之也）鮑叔謂管仲曰國死者衆矣毋乃害乎管仲曰安得已然此皆其貪民也（貪人爭祿自殘亦未能自為害也）夷吾之所患者諸侯之為義者莫肯入齊齊之為義者莫肯仕此夷吾之所患也（有義之士內外不歸亂亾立至故可患也）若夫死者吾安用而愛之（貪人自損殺傷吾何

能惜之

公又内修兵。三年，桓公將伐魯，曰：魯與寡人近。（謂國相鄰）於是其救宋也疾。（疾謂先諸侯至）寡人且誅焉。管仲曰：不可。臣聞有土之君，不勤於兵，不忌於辱，不輔其過，則社稷安；勤於兵，忌於辱，輔其過，則社稷危。公不聽，興師伐魯，造於長勺。魯莊公興師逆之，大敗之。桓公曰：吾兵猶尚少，吾參圍之，安能圍我。（吾以三倍之兵圍之，則安能圍我）四年，修兵，同甲十萬，（同甲謂完堅齊等）車五千乘。

評：春秋之師未有加二千乘者也，其虛言耶。

謂管仲曰：吾士既練，吾兵既多，寡人欲服魯管仲喟然嘆曰齊國危矣君不競於德而競於兵人君當以德義服遠不當競於兵也天下之國帶甲十萬者不鮮矣吾欲發小兵以服大兵欲以齊國服諸侯而致霸王故曰以小兵而服大兵也內失吾衆謂數擾動之則衆疲而散諸侯設備數見侵伐故設備吾人設詐力不足則詐以繼之國欲無危得已乎公不聽果伐魯魯不敢戰去國五十里而為之關更立國界而為之關魯請比於關內以從于齊齊亦毋復侵魯服請從服於齊供其徵求比於齊之關內桓公許諸魯人請盟曰魯小國也固不帶劒今而帶劒是交兵聞於諸侯君不如已若以交兵

聞於諸侯不如止而不盟也請去兵桓公曰諸乃令從者毋以

兵管仲曰不可諸侯加忌於君君如是以退可忌怨

也諸侯欲以結盟致怨於君今請不盟從此即退可也君果弱魯君諸侯又

加貪於君若果弱魯諸侯又以貪名加君後有事小國彌堅大國

設備既有貪忌之名故皆設備非齊國之利也桓公不聽管仲

又諫曰君必不去魯胡不用兵曹劌之為人也堅

強以忌不可以約取也不可以盟取信也桓公不聽果與

之遇演曹沫劫壇之事兩傳不載七國始言之或

好事耶此以抽叙屬公更左冠裳之侯賊為刺客

自昔未之有聞又安在秉禮周公之瀧且會盟之後禮擯贊揖讓登壇劒于何懷有是乎未敢信也曰請不帶劒又所未敢信也乘車之會自桓公成伯始往未之有以兵臨交惡而盟無故一旦去劒示疑奚褐之不信而誰欺莊公自懷劒曹劌亦懷劒踐壇莊公抽劒其懷曰魯之境去國五十里亦無不死而已左椹桓公右自承曰均之死也死於君前。左手舉劒將椹桓公且以右手自承言曰齊迫魯境亦死今殺君亦死同是也將殺君次自殺故曰均之死也戮死於君前管仲走君曹劌抽劒階之間曰。二君將攺圖。無有進者。拔劍當階，所以拒管仲言魯辭二君將欲攺先者之所圖，令不當有進者也。管仲曰。君與地。以汶為竟。桓公許諾。以汶為竟而歸。桓公歸而修於政。不修於兵革。自圍辟人。以過弭師。既不修其兵革，故出入自圍辟其人，以先者之過，故弭息其師。五年。宋伐杞。桓公謂管仲與鮑叔曰。夫宋。寡人固欲伐之。無若諸侯何。無若諸侯救宋何。夫杞。明王之後也。杞，夏之後。今宋伐之。予欲救之。其可乎。

〔評〕大匡志匡君以匡天下為功。初叙五年咈諫自用之獘，一用仲而伯成，以此分兩截。應惕而大慝，則事多舛而仲功亦莽莽矣史記述止數事而于轉禍因敗其幹佐君心了了如照則文之不可已也如是管仲對曰不可臣聞内政之不修外舉義不信君将外舉義以行先之以内行先之則諸侯可令附桓公曰於此不救後無以伐宋令不救杞後無辭以伐宋管仲曰諸侯之君不貪於土貪於土必勤於兵勤於兵必病於民民病則多詐夫詐密而後動者勝密静詐則不信於民夫不信於民則亂内動則危於身是以古之人聞先王之道者不競於兵兵者凶器競之則危桓公

曰。然則奚若管仲對曰。以臣則不。以臣之意則不與君同而

令人以重幣使之。以重幣使宋令罷杞兵使之而不可。謂宋不從

令君受而封之。受杞告命而建封之桓公問鮑叔曰。奚若鮑

叔曰。公行夷吾之言。公乃命曹孫宿使於宋。宋不

聽。果伐杞。宋果伐杞桓公築緣陵以封之。緣陵杞城予車百

乘甲一千。謂與杞也明年。狄人伐邢。邢君出致於齊。致命

於齊以告急桓公築夷儀以封之。夷儀邢城予車百乘。卒千

人。明年。狄人伐衛。衛君出致於虛。虛地名詩所謂升彼虛矣以望

楚矣桓公且封之。隰朋賓胥無諫曰。不可。三國所以

亡者絶以小。小國之亡理則然矣不當封也今君斬封亡國國盡

若何。國之事盡於封亡國其若之何通絶以小言國小故亡封亡

而國盡彝亦小矣如亡何桓公問管仲曰奚若管

仲曰君有行之名安得有其實既有行封之名則當虛國而爲之安得有其富實乎君其行也。公又問鮑叔鮑叔曰君行夷吾

之言。桓公築楚丘以封之。與車三百乘甲五千既

以封衛明年桓公問管仲將何行。更問以所行之政也管仲

對曰公内修政而勸民可以信於諸侯矣。君許諾

乃輕稅弛關市之征爲賦祿之制既已。謂已行上事管

仲又請曰。問病。臣（臣有病者君當慰問之）願賞而無罰。五年。諸侯可令傅。（行此五年可令諸侯親附）公曰諾。既行之。管仲又請曰。諸侯之禮。（請諸侯交聘之禮）令齊以豹皮往。小侯以鹿皮報。齊以馬往。小侯以犬報。（往重報輕所謂大國善下小國則取小國）桓公許諾。行之。管仲又請賞於國以及諸侯。君曰諾。行之。管仲賞於國中。君賞於諸侯。諸侯之君有行事善者。以重幣賀之。從列士以下有善者。衣裳賀之。（列士謂齊之列士管仲自以衣裳賀之）凡諸侯之臣有諫君而善者。以璽問之。以信其言。（謂桓公以璽問之以信驗其所諫之）

言為善公既行之。又問管仲曰。何行。管仲曰。隰朋聰明捷給。可令為東國。東國謂自齊東之國令隰朋理之賓胥無堅强以良。可以為西土。西土齊西之土令胥無之國與士交兵 通 東屬木其人性通敏西屬金其人剛果兩因其地而使其人衛國之教。句危傅以利。謂其教既高危且相傅以利謂以利成俗

通 危急也急於傅利見利即動輕心者也不能久即輕而易動可以相入公子開方之為人也慧以給。不能久而樂始。可游於衛。其人性輕率不能持久所謂靡不有初鮮克有終故曰樂始使此人游於衛誘動之令歸於齊也魯邑之教。好邇而訓

趙。按小匡作公子舉傳開而知禮惿字疑礼字誤也

於禮。（既訓學於禮禮者所以飾貌故曰好邇邇近也）季友之為人也恭以精博於糧。多小信可游於魯。（博於糧謂多委積）楚國之教巧文以利不好立大義而好立小信蒙孫博於教而文巧於辭不好立大義而好結小信可游於楚小侯既服。大侯既附。（厚往輕報所以服小侯三人於三國所以服大侯）夫如是。則始可以施政矣君曰諾乃游公子開方於衛游季友於魯游蒙孫於楚。五年。諸侯附。狄人伐（謂入伐齊）桓公告諸侯曰。請救伐。諸侯許諾。大侯車二百乘卒二千人。小侯車百乘卒千人。諸侯皆許諾

齊車千乘卒先致緣陵。先者使卒戍緣陵令有狄難故致之戰於後故。敗狄。後故地名其車甲與貨小侯受之。謂敗狄所得車甲及貨盡與小侯大侯近者以其縣分之。不踐其國。近齊之大侯則以齊縣分之終不踐其國以侵之㊣通勝得狄縣以分大侯無利焉是不踐北州侯莫來。謂不來救齊北州謂北之州即幽州營州等桓公遇南州侯於召陵。謂伐楚盟於召陵也曰。狄為無道。犯天子令以伐小國。小國齊自謂以天子之故。敬天之命令以救伐。言諸侯以撚順天命救齊伐狄北州侯莫至。上不聽天子令。下無禮諸侯。寡人請誅於北州之侯。諸侯許諾。桓公乃北伐令支令支國名下鳧之山斬孤竹孤竹國名斬其君遇山戎顧問管仲曰將何行管仲對曰君教諸侯爲民聚食諸侯之兵不足者君助之發如此則始可以加政矣既使諸侯足食足兵然後可以加之政也桓公乃告諸侯必足三年之食安有三年食然後可安以其餘修兵革兵革不足以引其事告齊齊助之發諸侯兵之不足當引其事之闕者以告齊齊當發卒以助之也既行之公又問管仲曰何行管仲對曰君會其君臣父子會謂考合其君臣父子之宜則可以加政矣公曰會之道柰何曰諸侯毋專立妾以爲妻毋專

殺大臣。無國勞毋專予祿（於國無勞者不得專予祿）士庶人毋專棄妻。毋曲隄（所謂無障谷也）毋貯粟。毋禁材（山澤之材當與人共之也）行此卒歲。則始可以罰矣（行之終歲而有不從者可以加刑罰）君乃布之於諸侯。諸侯許諾。受而行之。卒歲。吳人伐穀（穀齊之下都後以封管仲）桓公告諸侯。未徧。諸侯之師竭至以待桓公（竭至言其盡來）桓公以車千乘會諸侯于竟。都師未至。吳人逃（齊都之師尚未至而吳人逃也）諸侯皆罷。桓公歸問管仲曰。將何行。管仲曰。可以加政矣（諸侯服從如此故可以加之政）曰。從今以往。二年。適子不聞孝。不聞愛其弟。

不聞敬老國良其老者國之賢良也三者無一焉可誅也無一尚可誅况無三乎諸侯之臣及國事三年不聞善可罰也及國事預知國政三年不聞善則不賢也故可罰君有過大夫不諫士庶人有善而大夫不進可罰也士庶人聞之吏賢孝悌可賞也士庶人有賢孝悌聞之於吏則可賞也桓公受而行之近族莫不請事近齊之諸侯皆請齊徵賦之事兵車之會六兵車之會謂與兵有所伐乘車之會三乘車之會謂結好息民之會也饗國四十有二年許四十二年以上叙匡天下行事大畧自以文為次用兵車乘車九合為外政結局復以戚位十

九年起敘國中內政此一篇大體也布格大奇不詳察不見古文之大全桓公踐位十九年〔評〕敘事遒古陸離有邁氣文兼子史之長太史公用其古法幹以驚雄以氣務佐之別自成史體太史公後此種古法絕矣弛關市之征（征賦也）五十而取一（取其貨賄五十之一）賦祿以粟案田而稅（案知其壤墝而稅之）二歲而稅一（宰一歲而一稅之）上年什取三中年什取二下年什取一歲飢不稅（歲飢謂時歲總飢故不稅）歲飢弛而稅（此歲飢謂有飢者有不飢者故弛飢而稅不飢）桓公使鮑叔識（音志）君臣之有善

者晏子識不仕與耕者之有善者不仕謂餘子未仕者高子識工賈之有善者國子爲李李獄官也隰朋爲東國賓胥無爲西土弗鄭爲宅爲宅掌修除宮室凡仕者近宮仕者有公事職務故近宮不仕與耕者近門不仕與耕者當出入田野故近於外門工賈近市三十里置遽委焉有司職之遽今之郵驛也委謂當有儲擬以供過者立官以主之從諸侯欲通謂從諸侯欲通於齊吏從行者令一人爲負以車其吏從行而來者遽之有可當令一人以車爲負載其行裝若宿者令人養其馬食其委其客若宿即以所委食之客與有司別契別契謂分別其契以知真僞也至國八契自郊至國八契則二百五

趙〇按縣吏進諸侯士有善則欲其賞有過則不與[illegible]他國故不陳反也

十里之郊地相距為五百里此周之大國也費義數而不當有罪義謂供客之禮徒費義數而於事不當者罪之凡庶人欲通鄉吏不通七曰囚庶人有所陳訴通於君鄉吏抑而不通事經七日者則囚其吏鞠劾其所以也出欲通吏不通五曰囚出謂欲適他國貴人子欲通吏不通三曰囚

凡縣吏進諸侯士而有善觀其能之大小以為之賞有過無罪賞雖過法亦不罪也令鮑叔進大夫勸國家升進大夫令之勉營國家之事得之成而不悔為上舉得此大夫故有成功終然允當無有可悔如此者舉善之上從政治為次所進大夫從政而能理者次上成功也野為原又多不發遁不發是大徑大役簡少其

野多不發之衆起訟不驕次之。所進大夫有能勸勉農人開闢荒野皆為原田又教之和通不相告發雖有起而訟者莫不恭恪不為驕傲此又其次也勸國家得之成而悔從政雖治而不能野原。又多發起訟驕行此三者為下令。晏子進。貴人之子。晏子平仲之先出不仕。不仕則樂道深處不華。不華則無過失而友有少長。友有少長則遵禮經為上舉。全此三者故為上得二為次。得二三之二也得一為下。士處靖。靖甲敬貌敬老與貴。敬老近於親敬貴近於君交不失禮。行此三者為上。舉得二為次。得一為下。耕者農農用力。勤而不惰應於父兄。孝且義事賢多。擇善而從故能多行此三者為上舉得二為次得一為下令高子進工賈應於父兄事長養老承事敬承奉君敬而從之也行此三者為上舉得二者為次得一者為下令國子以情斷獄定罪罰者責得其罪評國子斷獄只一句作不了語後入三大夫之舉因申三大夫之罪總歸君謂國子以完斷獄文局之奇後人不能亦多不解演獄天下之命也君之威也于政為大千國為權政不可輕權不可移人命不可濫屬之上卿申之君命有重之矣重乃可結三大夫既已選舉使縣行之三大夫謂鮑叔

晏子、高子管仲進而舉言上而見之於君見三大夫所選舉者此言選舉者國子主斷獄故不在三大夫之數以卒年君舉卒年謂終年如此管仲所進者君舉用之也管仲告鮑叔曰勸國家不得成而悔從政不治不能野原又多而發言相告發訟驕既訟而驕凡三者有罪無赦告晏子曰貴人子處華下處華屋之下則淫佚交（通）狹邪浪蕩比之匪人俠少年公子也好飲食重交好則挾朋黨耆飲食則道情薄行此三者有罪無赦士出入無常不敬老而營富行此三者有罪無赦耕者出入不應於父兄用力不農不事賢行此三者有罪無赦

趙曰據當人
皆稱其賢而
大夫善者後
有善者亦舉
不賞罰從其
出於衆人間
者也考人以
賞無善與己
而不舉則無
始其意而罪
之至於人不
稱其賢而吏
舉者後有善
過賞罰其舉
者以其出于
一人偏見也

告高子曰。工賈出入不應父兄，承事不敬，而違老治危。危，傾險也。行此三者，有罪無赦。凡於父兄無過，州里稱之，吏進之，君用之。無過於父兄，見稱於州里，吏進此人，君必用之。有善無賞，有過無罰，吏不進廉意。有善不能賞，有過不能罰，吏則苟免而已。故不進廉意也。於父兄無過，於州里莫稱，吏進之，君用之，善為上賞，不善吏有罰。雖無過於父兄而州里不稱，吏進此人，君承用之，其人善則吏受上賞，不善則吏當罰。君謂國子。㊟三大夫主進賞仲命之德，中刑也。國子為李，主罰，君命之刑中德也。東國西土外政，其條具上七大夫政，完其文完

矣古人文體原不拘拘如後人局面所以前外攻一一歸功散結末又大結內政獨似關似關政其妙也既以詳功又贅乎哉直舉政本已矣不關鍵照應之大關鍵照應

凡貴賤之義。入與父俱。父貴而子賤也出與師俱。師貴而資賤上與君俱。君貴而臣賤凡三者遇賊不死不知賊則無赦。言人於此三者所在當致死所謂在三如一今賊將害此三者遇之而不能死有賊而又不知則不臣不子也故無赦斷獄。情與義易。義與祿易。凡斷獄者所以止罪邪止罪邪所以興禮義今犯罪者非以乖僻易義則以姦偽易祿也易祿可無斂。有可無赦。姦偽易祿者既當罰其罪可無斂其祿然令所有罪必無赦之也〔通〕制刑必即天倫王制原父子立君臣此加師重在三耳親屬情分屬義又有祿易則議貴之典易祿無斂即奪奉收田之罰有可無赦易後再犯也〔演〕君天道也主德相地道也主法故命官申令在公考成議罪在仲法之中而又有德焉上天好生之心終不以義掩仁也故仲相也三告定罪而不告國子為李者為國守法而持平者也非仲所得告也周禮三刺又三宥是君又自為國家祥刑而持李之平者也散散敘來有次第有

脉絡有條理關鍵見德威之意焉見君相之分焉見慎獄之仁焉見君道仁過而義不過焉治法之善文字之妙斯古人哉非古人不但不識文體且不識政體

㊟蓋嘗讀管子大臣廢而歎嗟乎其然乎非仲之實也鮑叔之籌論忽仲之對語皆著書者爲解嘲然不可解也仲之能蓋前可謂天幸一羈旅纍臣生之不圖而能必桓仲父任之又安能必社稷之定哉事死主而不立信何以必生主信我才不能

定亡人之成又不脫其死也何以令新君委而任才即令叔以本謀泄之仲亦無計背死事讐婗于心何何以知國高諸臣不席此挠我此都時事之不可幾者也謂仲負天下卞不忍溝瀆而以其身待有用則得謂必知社稷之定而故叛糺以容小白不得也必曰為白也容為糺也不濟則乾時之鉤誰之射乎中鉤而志心中心死矣其何容以社稷之定此又事之不可信者也貴日月之光乘風雲之會紀内政於五鄉立功名於九合皆後來幸

以其生用其亡而贖其死天乎天生未固以用之亦幸也仲尼老於行無所成於攝天生一聖人一才人何若故曰事之不可幾者也幸而蓋也聖人許其仁而不能許其忠敢以為後世貪生二心口實仲而功為期卒不期而猶哆然吾志其大為社稷不可訓可羞矣雖然桓夫亦有市之乎仲欲用桓務功而桓因以功之務而入用之桓實容仲仲何容桓哉故論仲者仁義相衡節義功名相提以喪節屬人以成功屬天以義按之身以仁贖之天下

天下不可無仲仲不可無死故仲罪之魁功之首可懸以待贖不可謂社稷之大於死管仲且猶不可而況不為管仲者乎

管子權第七卷終